TENTADO, NO CEDAS

T0321512

TENTADO, NO CEDAS

CHARLES STANLEY

BETANIA

Un Sello de Editorial Caribe

TENTADO, NO CEDAS
© 1991 EDITORIAL CARIBE
P.O. Box 141000
Nashville, TN 37214-1000

Publicado originalmente en inglés con el título de
TEMPTATION
Copyright © 1988 por Charles Stanley
Publicado por Thomas Nelson, Inc.
Nashville, Tennessee 37214, E.U.A.

Versión castellana: Priscila M. Patacsil
Editor en Jefe: Raquel Boqué de Monsalve

ISBN-13: 978-0-88113-287-8

Printed in U.S.A.
E-mail: caribe@editorialcaribe.com

24a Impresión, 04/2011
www.caribebetania.com

Este libro está dedicado a
todos aquellos que sabían
que no debían hacer algo,
pero que de todos modos lo hicieron.

Indice

Índice

PARTE I

DEFINIENDO EL PROBLEMA

CAPITULO UNO

El problema que enfrentamos

EL VOCABLO *TENTACION* trae a la mente diferentes cosas para cada uno de nosotros. Para algunos, esta palabra indica un delicioso helado de crema batida y nueces. Para otros, es el hombre o la mujer quien ha venido a ser el objeto de fantasías sexuales secretas en la oficina. Para el negociante que vive bajo una presión inflexible, puede ser la taberna de la esquina. Para la mujer que hace tiempo perdió el fervor de ser esposa y madre, puede ser la farmacia de la esquina donde sabe que puede conseguir que le vendan esa receta de calmantes una vez más.

Para el adolescente, el vocablo *tentación* puede traer a la mente una botella de cerveza, un paquete de cigarrillos o un miembro del sexo opuesto con quien los padres le han prohibido mantener amistad. Puede ser el deseo incontrolable de librarse de una comida obligándose a vomitarla para no aumentar de peso. Tal vez la tentación tiene algo que ver con estantes de revistas en un comercio local o el lugar donde se alquilan videos.

Piense un momento. Cuando usted oye el vocablo *tentación*, ¿qué le trae a la mente? ¿Qué cuadros y emociones le vienen a la mente? Esta es una pregunta importante al comenzar juntos nuestro estudio. En cierto sentido, cualquier cosa que se le ocurra como respuesta a mi pregunta, es el tema de este libro. Es sobre usted y su tentación en particular. Para algunos, este libro es sobre el uso de las drogas. Para otros, este libro parecerá hablar casi exclusivamente sobre la esfera de la tentación sexual. ¿Qué esfera de la tentación le gustaría hallar incluida en este libro? ¿Cuál es su tentación más grande?

Yo deseo que usted escoja una tentación o una esfera de tentación donde puede aplicar los principios de este libro a través de toda nuestra exposición. Al comenzar a ver la victoria que le da Dios en una esfera, se verá motivado a aplicar estos principios a cada esfera donde es tentado. Pero para el propósito de medir su progreso, escoja sólo una esfera por ahora.

¡Ya he probado eso!

La esperanza de vencer su tentación más grande puede parecerle débil ahora mismo. "Ya he tratado y fracasado tantas veces en el pasado", tal vez diga. "¿Por qué desalentarme otra vez?"

Hay varias razones por las cuales puede volver a luchar otra vez. Primero que nada, un hábito que le provoca derrota en su vida le robará su confianza en el poder de Dios para darle la victoria sobre el pecado. En consecuencia, usted vacilará en presentar a Cristo como la solución a otros que están controlados por el pecado. Un hábito pecaminoso en su vida destruirá su incentivo de compartir su fe. Usted se sentirá como un hipócrita. Y en esas ocasiones cuando reúne suficiente convicción para decir algo, no tendrá la confianza que tendría si fuera libre.

Uno de los resultados inmediatos de ser liberado de un hábito que lo controla es el deseo de compartir con otros el poder de Dios que ha sido experimentado. A Satanás le gusta mantenernos en esclavitud porque disminuye grandemente nuestra capacidad. Nos *sentimos* como hipócritas y también podemos parecer hipócritas si otros conocen nuestro pecado.

Yo he conocido a varios creyentes que nunca fueron seriamente motivados a dejar de fumar hasta que se rindieron para hacer un impacto en su mundo para el Señor. Una persona comentó: "Nadie me va a tomar en serio mientras yo siga fumando. La gente me mira como diciendo: 'Si Dios es poderoso, ¿por qué no te ayuda a dejar de fumar?'" Esa es una pregunta válida.

Otra razón por la que usted tiene que recobrar esas esferas de su vida en que ha resbalado, consiste en que decidir no bregar con el pecado, lo lleva finalmente a lo que la Escritura llama un corazón endurecido. Un corazón endurecido se produce cuando la gente oye la verdad y la cree, pero rehúsa aplicarla. Producir un corazón endurecido es un proceso que lleva tiempo. Pero cada vez que los creyentes reconocen que hay pecado en su vida y, sin embargo, no hacen nada al respecto, se vuelven menos sensibles a la dirección del Espíritu Santo. Finalmente, llegan al lugar donde no sienten ninguna convicción de pecado. Se endurecen y apagan al Espíritu en sus vidas (1 Tesalonicenses 5:19), lo cual es muy peligroso.

La Biblia advierte que si dejamos que este proceso continúe, finalmente Dios nos entregará de nuevo al pecado. O sea, en un sentido, él dice: "¿Tú quieres vivir a tu manera? Bien, hazlo, y sin ninguna interferencia de parte mía." En ese momento los creyentes pierden toda dirección moral y ética en lo que respecta al Espíritu Santo. Ellos están solos. Yo creo que esto es lo que le pasó al hombre que describe 1 Corintios 5 que llevaba una relación de incesto aparentemente sin ningún remordimiento. Creo que el hombre no obedeció las instrucciones del Espíritu Santo, y Pablo dice que fue entregado a Satanás. Tal es el riesgo que corremos si no nos encargamos del problema del pecado.

Una cosa lleva a otra

Siguiendo este pensamiento, una tercera razón por la cual usted tiene que luchar contra los elementos pecaminosos de su estilo de vida es que un pecado lleva a otro. El pecado es como el cáncer que se extiende. Una esfera sin resolver expone otra. Cuando usted se acostumbra a un pecado en particular, una vez que se arraiga en su estilo de vida, es sólo asunto de tiempo antes que otras esferas constituyan problemas. Parece que la mayoría de las reuniones de aconsejamiento que yo dirijo, comienzan con una historia sobre un pecadillo que se dejó sin resolver. Esa esfera abre la puerta para otras cosas que pronto se convierten en problemas mayores.

Conozco a una muchacha adolescente que su envolvimiento en las telenovelas le desarrolló una profunda curiosidad sexual desordenada. Después de varias noches de abandono sexual y de un corto matrimonio que terminó en fracaso, ella encontró el camino a nuestra iglesia y le contó su historia a uno de nuestros pastores. Era increíble que alguien con el trasfondo de ella pudiera vivir como vivía ella; era una adolescente modelo en el hogar, en la iglesia y en el liceo. Sin embargo, ella misma admitió que las telenovelas de la tarde la condujeron a un pecado que jamás se imaginó que cometería.

Un buen hombre cristiano comenzó a parar en una taberna local después del trabajo para pasar algún tiempo con sus amigos. El nunca tuvo ningún deseo de tomar, pero pensó que una cerveza no le iba a hacer daño a nadie. Aun se convenció a sí mismo que tomándose una cerveza podría relacionarse mejor con sus amigos y tener la oportunidad de compartir a Cristo con ellos. No pasó mucho tiempo, cuando una cerveza se convirtió en dos, luego en tres. Pronto llegaba al hogar ebrio, y eventualmente perdió a su esposa y a sus hijos. Contándome la historia me dijo: "En mi corazón yo sabía que estaba mal, pero pensé que cada hombre tiene su vicio." ¿Deseaba él haber bregado con el problema de la bebida cuando era una cerveza de vez en cuando? Sí, lo deseaba. Pero ya era demasiado tarde; el daño ya estaba hecho.

Pecado y muerte

Una última razón por la que usted tiene que tomar seriamente aun el pecado más pequeño, es que el pecado siempre resulta en muerte de alguna clase. Santiago lo dice así:

> . . . sino que cada uno es tentado, cuando de su propia concupiscencia es atraído y seducido. Entonces la concupiscencia, después que ha concebido, da a luz el pecado; *y el pecado, siendo consumado, da a luz la muerte.*
> Santiago 1:14-16 (cursivas añadidas)

Santiago nos da una ecuación:

$$\text{Tentación} + \text{Pecado} = \text{Muerte}$$

Dondequiera que hay pecado, siempre hay muerte de alguna clase. El ejemplo más obvio sería muerte física como el resultado de un accidente automovilístico relacionado con el alcohol o el suicidio. Otros pecados provocan la muerte física después de un período prolongado. Ejemplos incluirían el fumar, el beber alcohol en forma excesiva, el uso de drogas y varios desórdenes en comer.

El pecado provoca la muerte en otro nivel, sin embargo, y a menudo los problemas en este nivel llevan a hábitos destructivos como los ya citados. El pecado provoca la muerte a las relaciones. El pecado causa el deterioro en las relaciones. Cuando el hombre es insensible a su esposa, ella se alejará emocionalmente de él por un tiempo. Si él continúa abusando de su esposa emocionalmente de esa manera, finalmente, destruirá todo el afecto que ella le tenía. En esencia, su relación fenecerá.

Si una pareja joven durante el noviazgo deja que sus relaciones físicas tomen prioridad, en poco tiempo no habrá relación alguna, habrá terminado. Si un empleador descuida a sus empleados, los trata mal y no muestra sensibilidad hacia sus necesidades y responsabilidades familiares, al fin destruirá su lealtad a él y a la compañía. Si los padres descuidan a sus hijos, esa relación gradualmente se desintegrará hasta no existir más. Si un hombre llena su mente con material pornográfico, finalmente destruirá cualquier posibilidad de intimidad entre él y su esposa. Un padre que continuamente ignora las leyes del tránsito con sus hijos en el automóvil, destruye el respeto de ellos por la ley. Se enseña por medio del ejemplo. "Mientras no me descubran, no hay nada malo en violar la ley." El adolescente que toma sólo una copa por invitación de sus amigos destruye su capacidad de influirlos en la dirección correcta. El pecado siempre provoca alguna clase de muerte. Algo queda siempre destruido, ya sea el respeto, la lealtad o la vida misma.

Excusas y más excusas

Piense un momento. ¿Está permitiendo que el pecado destruya lo que es más importante para usted? ¿Están sus vicios, o "debilidades" como los llamamos a veces, socavando lentamente la vida de las relaciones de las personas que ama? Por el pecado en su vida, ¿se encuentra sin la confianza que necesita para compartir su fe? ¿Está preparado para dejar que Dios cambie todo eso?

¡Sea realista!

Si usted es como mucha gente, puede que no haya tomado la tentación más seriamente debido a que en algún momento adoptó algunos pensamientos erróneos sobre la actitud de Dios hacia la tentación. Una de las declaraciones más comunes que la gente hace para excusar el fracaso en la esfera de la tentación es ésta: "Sólo soy humano y, además, nadie es perfecto."

Hay cierta verdad en esta declaración. Sólo Dios es perfecto. El problema es que esta declaración confunde el carácter presente con la capacidad del comportamiento. Permítame explicarle. Cuando la gente dice: "Yo no soy perfecto", se está refiriendo a su persona o carácter. Básicamente está diciendo: "Como no soy perfecto interiormente, no espere comportamiento perfecto exteriormente." Pero en este estudio sobre la tentación, el carácter no es de lo que se está hablando. El asunto es si en un momento dado las personas (en este caso, creyentes) tienen la capacidad de *hacer lo correcto*. Dios dice que la tienen. Pablo escribió:

> No os ha sobrevenido ninguna tentación que no sea humana; pero fiel es Dios, que no os dejará ser tentados más de lo que podéis resistir, sino que dará también juntamente con la tentación la salida, para que podáis soportar.
>
> 1 Corintios 10:13

Más adelante estudiaremos este pasaje con más detalles, pero basta decir que *todo* creyente tiene la capacidad de decirle no a la tentación, a pesar de que no seamos *perfectos*. Dios no acepta que señalemos el carácter como excusa para ceder a la tentación. Todos estamos en el proceso de desarrollar el carácter, pero donde estemos en ese proceso no tiene importancia en cuanto a vencer la tentación. Puede que afecte nuestro *deseo* de vencer la tentación, pero no nuestra *habilidad*.

¿Está usted dispuesto a ejercitar su capacidad como creyente y decir no a la tentación? Confío en que comenzó a leer este libro porque está dispuesto a terminarlo y desea aprender lo que sigue a continuación.

¡No se ve ninguna ayuda!

Otra excusa expresada a menudo, que se opone a tomar la tentación seriamente, tiene que ver con la naturaleza de la lucha. No tiene fin. Siempre seremos tentados. Así que, ¿por qué adoptar un estilo de vida de lucha continua? ¿Por qué no aceptar ciertas cosas como parte de la vida y no preocuparse de ellas? La primera parte de este capítulo estudia esta excusa hasta cierto punto, pero esta pregunta es importante porque trae a luz el asunto del tiempo y la presión. Para expresarlo en otra forma, puesto que la tentación continuará molestándonos a pesar de todas las veces que triunfamos combatiéndola, ¿vale la pena realmente la lucha continua? ¡Por supuesto que sí!

A veces olvidamos que en el proceso de la lucha con el pecado (tanto en nuestras victorias como en nuestras derrotas), Dios está obrando. A través de las pruebas de la tentación, él desarrolla en nosotros paciencia, resistencia, sensibilidad hacia otros, y más que todo un sentido de confianza en la suficiencia de Cristo. Sobre este tema Santiago escribió:

> Hermanos míos, tened por sumo gozo cuando os halléis en diversas pruebas, sabiendo que la prueba de vuestra fe produce paciencia. Mas tenga la paciencia su obra completa, para que seáis perfectos y cabales, sin que os falte cosa alguna.
>
> Santiago 1:2-4

El apóstol Pablo entendió el valor de las pruebas rigurosas en relación con el desarrollo de la dependencia en la fortaleza de Cristo. El escribió:

> Y me ha dicho: Bástate mi gracia; porque mi poder se perfecciona en la debilidad. Por tanto, de buena gana me gloriaré más bien en mis debilidades, para que repose

sobre mí el poder de Cristo. Por lo cual, por amor a Cristo
me gozo en las debilidades, en afrentas, en necesidades,
en persecuciones, en angustias; porque cuando soy débil,
entonces soy fuerte.

2 Corintios 12:9, 10

El terrible e interminable proceso de combatir la tentación es
el medio de Dios para madurarnos y conformarnos a la imagen de
Cristo. El dejar caer nuestras manos en derrota es abandonar el
proceso y perder las lecciones más importantes de la vida. Si
crecemos, seremos tentados. No podemos tener lo uno sin lo otro.

En las montañas del norte de Georgia en los Estados Unidos
hay un río de aguas cristalinas llamado Chattooga. La gente viaja
de todo el sureste de los Estados Unidos para remar en ese río. Los
últimos dos tramos son especialmente traicioneros, y mucha gente
se ha ahogado cuando sus canoas se estrellaron contra las rocas y
ellos fueron sumergidos sin esperanza por las fuertes corrientes.
Imagínese usted a un diestro remero en su canoa abriéndose paso
a través de las rocas y las corrientes del río Chattooga. Mientras él
maniobra, algo se lleva a cabo que los espectadores no se dan
cuenta. La potencial fuerza destructiva del río está en realidad
ayudando al remero a mantener su equilibrio, su coordinación y su
concentración.

Pero imagínese que cuando el remero se acerca al próximo
raudal, piensa: *Estoy cansado de remar. Me estoy poniendo viejo. Me
duelen los brazos y las piernas. Estoy cansado de concentrarme.* Con eso
arroja los remos al agua y deja que el río siga su curso. Puede
imaginarse qué pasará. Pero he aquí el detalle. La fuerza que estaba
ayudando a desarrollar su destreza tiene la capacidad de destruirlo
tan pronto él se niegue a luchar contra ella.

Esto es lo que sucede con el poder del pecado. Siempre que
adoptamos una posición en contra de la tentación, aun si caemos
momentáneamente, Dios usará la lucha para convertirnos en los
hombres y las mujeres que él desea que seamos. Pero si abandonamos los remos, si nos rendimos y dejamos que las fuerzas del mal
dicten nuestro comportamiento, pronto seremos arrastrados por la
corriente, y nuestras vidas serán destruidas.

Tal vez usted piense: *Eso parece un caso extremo. Mi problema
particular no es tan grave como aquellos a que usted alude.* Quizá tenga

razón. Y usted es prudente al tomar lo que parece una pequeña tentación y bregar con ella en vez de permitirle que eche raíces en su vida. Pero yo hablo en lo que puede parecer términos extremos porque semana tras semana, sentado en mi oficina, oigo historias de cómo "pequeños" hábitos se convierten en grandes hábitos. Oigo historias de cómo vidas, matrimonios, negocios y hogares fueron destruidos porque alguien llegó a la conclusión de que una tentación particular no era en realidad una gran cosa ni causa para alarmarse. Recuerde, cada hábito *grande* tuvo un comienzo *pequeño*. Nosotros no sabemos el daño posible de aun el pecado más pequeño. Y si esperamos hasta que las cosas se empeoren, a menudo perdemos el deseo de luchar contra ellas.

Comenzando de nuevo

¿Está usted dispuesto a regresar a la fase penetrante del asunto? ¿Está listo para experimentar el poder de Dios en su vida otra vez? Entonces tiene que estar dispuesto a intervenir de nuevo en el proceso de trabajar con Dios para ganar una victoria consecuente sobre la tentación. No será necesariamente fácil o instantánea. No tendrá que pronunciar oraciones mágicas ni apretar botones. Sin embargo, existe un amoroso y poderoso Padre celestial que ha provisto el "camino de escape" si usted quiere aprovecharse de él. Es mi oración que usted esté listo.

CAPITULO DOS

La historia de dos reinos

EN EL CAMPO de la educación la "ley de integralidad" dice que el aprendizaje tiende a ser más eficaz cuando lo que aprendemos está relacionado con otras esferas de nuestra experiencia. En otras palabras, es más fácil aprender algo que está claramente relacionado con el mundo que nos rodea, que algo que parece existir alejado de las cosas que afectan nuestra vida. Yo creo que esta ley no me dejó aprender geometría. De algún modo la geometría nunca se relacionó a nada fuera de las cuatro paredes del salón de clase. Por consiguiente, mi nivel de motivación permaneció muy bajo, ¡al igual que mis calificaciones!

Al comenzar un estudio sobre la tentación, la ley de la integralidad demanda que tengamos un entendimiento claro de cómo nuestras luchas individuales con la tentación se relacionan con un panorama más amplio. Quizá le sorprenda que exista un contexto más amplio. Cuando viene la tentación, si usted es como yo, probablemente se siente bastante solo y abandonado. Con esos sentimientos viene el sentimiento de que no importa realmente lo que haga; nadie lo sabrá y nadie se preocupará. En realidad, lo que usted hace siempre importa. Segundo, nunca lucha solo. Nuestro Padre celestial toma bien en serio cada victoria o derrota en la vida del creyente. Como veremos en este capítulo, cada batalla, cada derrota y cada victoria es parte de una lucha mayor que comenzó mucho antes que usted o yo apareciéramos en escena, y continuará por mucho tiempo después que nos vayamos, si Jesús se tarda.

Del caos a la creación

En el principio creó Dios los cielos y la tierra. *Y la tierra estaba desordenada y vacía, y las tinieblas estaban sobre la faz del abismo,* y el Espíritu de Dios se movía sobre la faz de las aguas. Y dijo Dios: Sea la luz; y fue la luz.
Génesis 1:1-3 (cursivas añadidas)

La narración de la creación como la tenemos en el Génesis es una descripción de Dios que trae el orden del desorden, que va del caos a la creación. Alguna gente ve una separación entre los versículos 1 y 2 y argumenta que Satanás fue echado del cielo durante ese tiempo, provocando el caos en el mundo. Yo no quiero involucrarme aquí en ese argumento. A pesar de que haya habido o no esa separación, una cosa es segura: La tierra "estaba" sin forma y Dios le dio forma; el mundo "estaba" en tinieblas y Dios trajo la luz. Este patrón sigue a través de toda la narración de la creación. El puso orden en las aguas creando como resultado la separación entre los océanos y el cielo. Puso orden en los océanos y creó tierra seca.

Luego él puso orden en la tierra creando plantas, y cada una de ellas dio semillas y llevó fruto de su misma clase. Luego Dios puso orden en los cielos separando la noche del día. Esto produjo las estaciones y así un instrumento para medir el tiempo.

Luego Dios creó los diferentes animales. Fueron perfectamente adaptados para el ambiente en el que fueron puestos: los peces para el mar, las aves para el aire y los mamíferos para la tierra. Como las plantas, cada uno creó su misma especie.

Dios completó su orden creando al hombre. Diferente del resto de la creación, el hombre tenía una función especial que llevar a cabo. Tenía que gobernar todo lo que Dios había creado.

> Entonces dijo Dios: Hagamos al hombre a nuestra imagen, conforme a nuestra semejanza; y señoree en los peces del mar, en las aves de los cielos, en las bestias, en toda la tierra, y en todo animal que se arrastra sobre la tierra.
>
> Génesis 1:26

Dios le dijo al hombre:

> Fructificad y multiplicaos; llenad la tierra, y sojuzgadla, y señoread en los peces del mar, en las aves de los cielos, y en todas las bestias que se mueven sobre la tierra. Y dijo Dios: He aquí que os he dado toda planta que da semilla, que está sobre toda la tierra, y todo árbol en que hay fruto y que da semilla; os serán para comer. Y a toda bestia de la tierra, y a todas las aves de los cielos, y a todo lo que se arrastra sobre la tierra, en que hay vida, toda planta verde les será para comer. Y fue así.
>
> Génesis 1:28-30

El hombre fue creado para ser el representante de Dios en la tierra. En un sentido, Dios había delegado la responsabilidad de toda la tierra en el hombre; él debía gobernar la creación de Dios. Todo esto fue parte del proceso ordenado de Dios.

Para que el hombre estuviera dotado para la obra, Dios le impartió algunas cualidades especiales. Estas se resumen en la declaración: "Entonces dijo Dios: Hagamos al hombre *a nuestra imagen, conforme a nuestra semejanza.* Se ha escrito mucho sobre lo que quiere decir ser creado a la imagen de Dios. Algunas cosas, sin embargo, se destacan como particularmente importantes cuando pensamos en la imponente responsabilidad de gobernar la tierra.

Primero de todo, la imagen de Dios denota personalidad. Esto es, el hombre, que es diferente de cualquier otra parte de la creación, comparte con Dios un intelecto, una voluntad y emociones. De manera que él tiene la habilidad de razonar y tomar decisiones, una cualidad necesaria para gobernar. Esta habilidad también quiere decir que el hombre puede amar, obedecer y aun desobedecer.

Una relación única

Segundo, el hecho de que el hombre fue creado a la imagen de Dios significa que tiene una relación especial con Dios. Desde el principio, el hombre ha sido la creación suprema de Dios. El hombre posee las mayores posibilidades de toda la creación de reflejar la naturaleza y el carácter del Creador. El que el hombre fue la criatura favorita de Dios se observa claramente en la provisión de Dios para el hombre. Dios le proporcionó un huerto especial (Génesis 2:8, 9). Cuando vio que el hombre se sentía solitario, le creó una ayuda idónea (2:18). Abrigó deseos de que el hombre le fuera leal y obediente (2:16, 17). Deseaba comunicarse con el hombre (3:8). Todo esto señala o subraya la singular relación que el hombre tenía con Dios. Esta relación era distinta de todas las demás relaciones de Dios con el resto de la creación.

La personalidad del hombre, análoga a la de Dios, y su relación especial con Dios, proveen al hombre de lo necesario para cumplir su función como su gobernante y representante en la tierra. De manera, entonces, que el plan original de Dios consistía en gobernar la tierra por medio del hombre y de su ayuda idónea a medida que ejercitaran sus voluntades libres por medio de la obediencia y dependencia en Dios. Esta era la forma que seguía Dios para mantener el orden en la tierra.

Retorno al caos

Como usted sabe, las cosas no continuaron como Dios las planeó originalmente, o sea, desde el punto de vista humano. El pecado entró en el mundo a través de Adán y Eva, y toda la creación fue afectada, tanto moral como físicamente. Tal vez usted se pregunte qué tiene que ver esto con la tentación. La respuesta se halla en las respuestas a algunas preguntas que tal vez nunca ha pensado formularse: ¿Por qué se molestó Satanás en tentar a Adán y a Eva? ¿Qué se proponía? ¿Qué ganaría él?

Los profetas Isaías y Ezequiel nos dan una breve descripción de una guerra cósmica que se produjo algún tiempo antes de la ordenación del mundo. De acuerdo con sus narraciones, Satanás en un tiempo tenía una alta posición en el reino de los cielos. Ezequiel escribe:

Tú, querubín grande, protector, yo te puse en el santo monte de Dios, allí estuviste.

Ezequiel 28:14

Satanás se llenó de orgullo, sin embargo, y decidió que él debía ser Dios. Isaías escribe:

Tú que decías en tu corazón: Subiré al cielo; en lo alto, junto a las estrellas de Dios, levantaré mi trono, y en el monte del testimonio me sentaré, a los lados del norte; sobre las alturas de las nubes subiré, y seré semejante al Altísimo.

Isaías 14:13, 14

Lo que resultó fue una batalla en la que Satanás fue echado del cielo junto con aquellos ángeles que decidieron estar a su lado. Ezequiel escribe:

A causa de la multitud de tus contrataciones fuiste lleno de iniquidad, y pecaste; por lo que yo te eché del monte de Dios, y te arrojé de entre las piedras del fuego, oh querubín protector. Se enalteció tu corazón a causa de tu hermosura, corrompiste tu sabiduría a causa de tu esplendor; yo te arrojaré por tierra; delante de los reyes te pondré para que miren en ti.

Ezequiel 28:16, 17

Más bien la salida súbita de Satanás del cielo fue una señal de derrota y humillación final para él. Había sido derrotado, y sabía de una vez y para siempre que un ataque directo en contra del Dios todopoderoso era un intento vano. Piense por un momento. Si Satanás no pudo derrotar a Dios, ¿quién sería a continuación el objeto ideal de su ataque?

Satanás fue a la cima del orden de autoridad de Dios: el hombre. Derrotar al hombre sería derrotar toda la creación de Dios en la tierra, porque había sido puesta bajo la autoridad de éste. El ataque de Satanás a la humanidad fue simplemente su manera de devolver el golpe. Su intención fue de trastornar el proceso de Dios y volver el mundo a un estado de desorden y caos. La historia, en un sentido, es la crónica del éxito de Satanás. El hombre ha sufrido junto con todo lo que está bajo su autoridad. Dios maldijo la tierra (Génesis 3:17), y desde aquel día, toda la creación ha sufrido. Pablo dice:

> Porque el anhelo ardiente de la creación es el aguardar la manifestación de los hijos de Dios. Porque la creación fue sujetada a vanidad, no por su propia voluntad, sino por causa del que la sujetó en esperanza; porque también la creación misma será libertada de la esclavitud de corrupción, a la libertad gloriosa de los hijos de Dios. Porque sabemos que toda la creación gime a una, y a una está con dolores de parto hasta ahora.
>
> Romanos 8:19-22

El agente de corrupción

El pecado es un agente de corrupción. Tan pronto como el pecado se introduce en algo (una relación, una comunidad o un individuo), el orden y la productividad comienzan a disminuir. El término corrupción significa "pasar gradualmente de un estado sano o perfecto a uno de enfermedad e imperfección". Tal es la naturaleza del pecado. La meta de Satanás fue deshacer lo que Dios había hecho. La introducción del pecado o la maldad logró precisamente eso. El primer pecado del hombre fue todo lo que se necesitó para comenzar una reacción en cadena que repercutió a través de toda la creación.

El mal no es algo, es una falta de algo. El mal es falta de perfección. La creación de Dios fue perfecta. Por lo tanto, él pudo decir: "Y vio Dios que era bueno." El mal fue y es el instrumento de Satanás destinado a echar a perder el orden y la perfección de Dios. El mal trastorna todo lo que Dios se propuso lograr.

El derrumbe moral

Una encuesta histórica a fondo de las consecuencias mundiales del pecado está, ciertamente, más allá del alcance de este libro. Sin embargo, lo que yo quiero que usted vea, es cómo la introducción del pecado causó estragos a la creación de Dios. Primero, el orden de autoridad de Dios fue quebrantado. Ya él no podía confiar en el hombre para que se sometiera a su liderazgo. El hombre se había hecho a sí mismo un dios, y buscó controlar su propio destino. De la misma manera, cambió el orden de la autoridad familiar. Ahora el hombre ejercería dominio sobre la mujer (Génesis 3:16). El tono de este versículo parece indicar que tal arreglo no fue el plan original de Dios para la raza humana. Pero Dios sabía que el pecado daría como resultado conflictos entre hombres y mujeres, y había que hacer alguna provisión para salir adelante con ese problema. Así que él puso a uno como cabeza del otro.

Al pasar el tiempo, hemos visto numerosas ilustraciones del descenso perpetuo del orden al desorden, de la creación, como Dios la propuso, al caos. Todo, desde la extinción de ciertos animales, al mal uso de la tierra y sus recursos, atestigua de esta caída. La intensificación de la ocurrencia del aborto es otra ilustración del intento de Satanás de trastornar el plan de Dios. Aunque Dios le dijo a Noé y a su familia que poblaran la tierra (Génesis 9:1), los que promueven el aborto buscan lo contrario.

La aceptación de la homosexualidad y el aumento de personas involucradas en el estilo de vida homosexual son ejemplos de cómo Satanás está buscando trastornar el orden de Dios y volver las cosas a un estado de caos. Un estilo de vida homosexual es todo lo opuesto de lo que Dios prescribió en el huerto del Edén (Génesis 2:24). El movimiento feminista busca cambiar las funciones de hombres y mujeres en el hogar. Ahora, las feministas están pidiendo tener hijos fuera del matrimonio. De esa forma pueden realizar sus instintos maternales sin sacrificar su independencia. Una feminista dijo recientemente por televisión: "Las mujeres necesitan liberarse de las presiones de la vida familiar mientras al mismo tiempo tienen la oportunidad de la maternidad. La sociedad nos ha tenido cautivas por mucho tiempo con su estrecha interpretación de lo que es la maternidad." Así que encuentran un amigo que está de acuerdo, y quien no hará ningún reclamo sobre el bebé, y tienen relaciones sexuales.

Cada día las noticias están llenas de ilustraciones de cómo el mundo está buscando deshacer todo lo que Dios diseñó para la sociedad y la familia. Detrás de todo esto está Satanás. Al poner al mundo en un curso de choque con el desastre, él ataca de nuevo al Dios omnipotente.

La reacción de Dios

Afortunadamente, Dios no ha estado inactivo mirando lo que pasa. Después que Adán y Eva arruinaron las cosas, Dios decidió purificar la creación y comenzar de nuevo.

> Y vio Jehová que la maldad de los hombres era mucha en la tierra, y que todo designio de los pensamientos del corazón de ellos era de continuo solamente el mal . . . Y dijo Jehová: Raeré de sobre la faz de la tierra a los hombres que he creado, desde el hombre hasta la bestia, y hasta el reptil y las aves del cielo; pues me arrepiento de haberlos hecho.
>
> Génesis 6:5, 7

Pero el versículo siguiente explica por qué Dios no destruyó la tierra y por qué él formuló otro plan.

> Pero Noé halló gracia ante los ojos de Jehová.
>
> Génesis 6:8

Dios decidió salvar a la raza humana. El estaba determinado, sin embargo, a no dejar las cosas en el estado de caos en que estaban. Su meta final era restaurar al hombre y a su mundo al estado original. Pero todavía existía el problema del pecado y la maldición que trajo sobre la creación. Lo que resultó fue un plan de dos partes por el cual se pudiera resolver el problema del pecado y sus consecuencias de una vez y para siempre.

Una clase de gente nueva

Primero que nada, Dios enfrentó el problema de su relación con el hombre. El pecado había puesto una barrera entre el hombre y Dios. Hasta que fuera quitada, los dos nunca podrían unirse como lo estuvieron en el Edén. Al enviar a Cristo a morir por el pecado del hombre, Dios proveyó la solución al problema del pecado personal. A través de Cristo, los hombres y las mujeres tienen la oportunidad de bregar con la paga y el poder del pecado en sus vidas. Antes que los individuos depositen su confianza en Cristo, ocurre un proceso constante de corrupción; después que confían en Cristo, un nuevo proceso tiene efecto. El ciclo del pecado se interrumpe y comienza un proceso de renovación. Dios cambia el ciclo de caos del pecado. Pablo hablaba de este cambio cuando dijo:

> Por tanto, no desmayamos; antes aunque este nuestro hombre exterior se va desgastando, el interior no obstante se renueva de día en día.
>
> 2 Corintios 4:16

Dios nos ha recreado interiormente. Cuando somos salvos, somos criaturas nuevas. Aunque nuestros cuerpos físicos continúan deteriorándose, nuestro hombre interior (nuestro aspecto eterno) se va haciendo más fuerte y más sensible a Dios. Es por eso que usamos el término *nacer de nuevo*. Este proceso de renovación hace posible que usted y yo nos elevemos de nuestras circunstancias y vivamos vidas santas en medio de una sociedad impía. La renovación interna nos capacita para vencer aun las tentaciones más fuertes, como veremos más adelante. Cuando depositamos nuestra confianza en Cristo, Dios ganó una victoria decisiva sobre Satanás, porque el Señor nos reclamó como suyos y él restauró el orden en nuestras vidas desordenadas y en caos.

Un lugar nuevo

Hacer el hombre nuevo fue solamente el principio. Recuerde que toda la creación sufrió cuando Adán cayó. Para alcanzar la victoria final sobre Satanás, Dios tenía que redimir también a la naturaleza. Cuando digo naturaleza, me refiero al mundo físico. Esta parte del plan no se ha logrado. El mundo como lo vemos hoy continúa deteriorándose. Los tornados barren las ciudades, y las personas todavía se enferman y mueren. La victoria de Dios no será completa hasta que desaparezca del mundo toda clase de maldad.

En el libro del Apocalipsis, el apóstol Juan describe cómo será la segunda parte del plan de Dios. El libro del Apocalipsis es la promesa de Dios a los hombres que afirma que completará lo que ha comenzado en Cristo. Un día el mundo será restaurado, y el mal desaparecerá completamente. El orden será restaurado. La creación será como fue planeada. Juan escribe:

> Vi un cielo y una tierra nueva; porque el primer cielo y la primera tierra pasaron, y el mar ya no existía más. Y yo Juan vi la santa ciudad, la nueva Jerusalén, descender del cielo de Dios, dispuesta como una esposa ataviada para su marido. Y oí una gran voz del cielo que decía: He aquí el tabernáculo, de Dios con los hombres, y él morará con ellos; y ellos serán su pueblo, y Dios mismo estará con ellos como su Dios. Enjugará Dios toda lágrima de los ojos de ellos; y ya no habrá muerte, ni habrá más llanto, ni clamor, ni dolor; porque las primeras cosas pasaron. Y el que estaba sentado en el trono dijo: He aquí, yo hago nuevas todas las cosas. Y me dijo: Escribe; porque estas palabras son fieles y verdaderas.
>
> Apocalipsis 21:1-5

Mientras tanto

Tal vez usted piense que este libro es realmente una encuesta bíblica. ¡No es así! Lo he llevado a través de estas páginas para recalcar un punto que sirve como el contexto para el resto del libro, y el resto de su vida, puedo añadir.

Simplemente dicho, el asunto es que *usted no lucha con la tentación en un vacío.* Cada tentación que enfrenta es una forma de ataque de Satanás contra Dios. Al tratar de introducir en su vida desorden y caos, Satanás continúa su obra de deshacer todo lo que Dios intentó lograr en el principio. Por otro lado, cada victoria que usted experimenta es un testimonio para Satanás y para el mundo de que Dios está restaurando las cosas a su estado original, un estado en que Satanás no tiene lugar ni poder.

Como creyente, usted está llamado a ser el delegado de Dios ante un mundo perdido. Su mensaje es que Dios está en el mundo reconciliando a los hombres consigo mismo y que un día él vendrá a gobernar y a reinar para siempre. Esto es lo último que Satanás desea que la gente escuche. Por lo tanto, el hecho de que usted es creyente lo coloca en una posición de vanguardia en cuanto a los ataques de Satanás. El sabe que si puede sorprenderlo en algún pecado, por pequeño que sea, usted quedará excluido desde el punto de vista del reino de Dios. No solamente eso, usted viene a representar una victoria para él, por decirlo así. Cada victoria que Satanás alcanza sobre usted es una derrota para el adelanto del reino de Dios.

Otra razón por la que quise comenzar nuestra exposición sobre el tema de la tentación en esta forma, es que establece una perspectiva nueva sobre la guerra espiritual. Yo seré el primero en admitir que tengo mucho que aprender sobre esta materia. Pero una cosa sé y es que cada tentación es parte de una lucha mayor. Otra cosa que sé con seguridad, es que se me hace difícil recordar este hecho.

Cuando soy tentado con las cositas que surgen cada día, tiendo a pensar que sólo son problemitas que no afectarán a nadie más. Me olvido de que soy un embajador de Cristo y que cada victoria, no importa lo pequeña que sea, es señal para las "fuerzas espirituales" de que Jesús está vivo y obrando. Cada victoria le recuerda a Satanás que el mismo poder que me da victoria sobre el pecado, ¡un día le dará victoria a nuestro Rey sobre todos sus enemigos!

Pablo no pudo haber expresado esto con más claridad:

> Porque no tenemos lucha contra sangre y carne, sino contra principados, contra potestades, contra los gobernadores de las tinieblas de este siglo, contra huestes espirituales de maldad en las regiones celestes.
>
> Efesios 6:12

El no especificó qué luchas. El no distinguió entre las grandes y las pequeñas; las luchas de la mente contra las luchas dentro de las relaciones; las luchas de lo bien conocido contra las luchas de lo desconocido. Todas nuestras luchas son de naturaleza espiritual. Cada una es parte de una lucha continua entre el reino de Dios y el reino de Satanás. Al comenzar a ver los detalles de la tentación, es imperativo que mantengamos esta simple verdad en la mente: No luchamos en un vacío; cada tentación es una parte pequeña de una lucha universal entre el reino de las tinieblas y el reino del Dios viviente.

CAPITULO TRES

¿Quién tiene
la culpa?

EL OTRO DIA vi un letrero en un parachoques que decía:

NO ME METAS EN TENTACION.
YO LA PUEDO ENCONTRAR POR MI MISMO.

En primera instancia moveríamos la cabeza asintiendo. La tentación parece estar rondando por todos lados; ciertamente no tenemos que buscarla. Sin embargo, implícito en esta declaración humorística está la idea de que somos responsables por las cosas que nos tientan. O sea, no necesitamos ayuda para ser tentados. Interpretando la declaración en esa luz, podemos hallarnos a nosotros mismos pensando dos veces en lo que significa. No nos gusta tomar completa responsabilidad por nuestras tentaciones. Es mucho más fácil culpar a alguien o a cualquier otra cosa. Sin embargo, esta tendencia nos impide a muchos de nosotros bregar con éxito con los pecados arraigados en nuestra vida.

Los alcohólicos son ejemplos clásicos. Algunas personas con problemas con la bebida tienen historias bien trilladas acerca del porqué tienen problemas con el alcohol. Las historias son desde problemas familiares a dificultades en el trabajo y a relaciones rotas. A pesar de la particularidad de las historias, la conclusión es que alguien más tiene la culpa por sus problemas. Si ciertas personas o circunstancias cambiaran, entonces, ellos podrían enmendarse, pero no antes. El triste resultado es que culpando a otros por sus problemas, nunca están en posición de cambiar. Hacen fracasar todo el proceso.

¿Qué hay de nuevo?

Echándoles la culpa a otros en relación con la tentación no es nuevo. Comenzó con las palabras:

> La mujer que me diste por compañera me dio del árbol,
> y yo comí.
>
> Génesis 3:12

En cuanto el hombre fue enfrentado por Dios acerca de su pecado, él culpó a otra persona, ¡a su esposa! Aparentemente esta tendencia reinó en la primera familia porque Eva respondió en la misma forma cuando Dios le habló:

> La serpiente me engañó, y comí.
>
> Génesis 3:13

Pero echarle la culpa a alguien o algo no dio resultados en el principio, ¡y no los dará ahora! Aun cuando fue cierto que la mujer le dio la fruta a Adán y la serpiente engañó a Eva, Dios los consideró responsables por sus actos y los echó del huerto.

> Y lo sacó Jehová del huerto del Edén, para que labrase la
> tierra de que fue formado. Echó, pues, fuera al hombre.
>
> Génesis 3:23, 24

Culpar a otro o a algo por sus debilidades particulares y tentaciones parece quitar la responsabilidad de sus hombros. Pero por eludir mentalmente una posición de responsabilidad, también elude la posición desde donde podría corregir la situación. *Hasta que usted no se disponga a adoptar la responsabilidad por sus fracasos, estará mal dispuesto a cooperar y, por lo tanto, será incapaz de hacer nada acerca de dichos fracasos.* Dado que esto es así, si usted no trata con este asunto ahora, el resto de este libro (o cualquier libro que trata de la tentación), será pérdida de tiempo. En este capítulo miraremos de cerca lo que yo encuentro que son las formas más comunes que usa la gente para eludir la responsabilidad de la tentación.

Pero yo soy así

Mucha gente culpa a su personalidad por su incapacidad de bregar con éxito con tentaciones particulares. Ellos dicen: "Así es como yo soy." O: "Yo siempre he sido así." Oigo mucho esto de hombres que tienen problemas en controlar su temperamento: "Desde niño he tenido mal carácter." La inferencia es que: "Yo siempre he sido así, y siempre lo seré. No vale de nada tratar de cambiar." A menudo, junto con esta forma de pensar está el ruego de "acéptame tal como soy".

Pero la turbada esposa e hijos han tratado de aceptarlo como él es, y todavía de alguna manera se hallan corriendo a refugiarse cuando papá se altera. Aceptarlo como él es no suaviza las heridas de ellos cuando reciben el impacto de su cáustico lenguaje. No solamente eso, Dios considera la difamación, ira, malicia y lenguaje abusivo como pecado (Colosenses 3:8). Dios no excusa su comportamiento, y los demás tampoco debieran hacerlo.

Otro comportamiento inaceptable que a menudo se excusa como parte de la personalidad de alguien es el hábito de callarse la boca y rehusar hablar cuando hay tensión o conflicto. Puede ser que usted diga: "¿Qué tiene eso que ver con la tentación?" Simplemente esto, el no comunicarse cuando se está bajo presión es una respuesta externa inapropiada a los sentimientos de uno. Es lo mismo que mentir cuando nos *sentimos* amenazados o maldecir cuando nos *sentimos* enfadados. Generalmente no asociamos la falta de comunicación con ceder a la tentación, pero eso es exactamente lo que es. Es un mal hábito. Y como con muchos malos hábitos, generalmente se defiende como parte de nuestra personalidad: "Esa es la forma en que yo siempre trato con la tensión."

Aunque tal comportamiento pueda parecer estar profundamente enraizado en la personalidad de uno, tiene que cambiar. Yo hablo con adultos que atribuyen la raíz de sus problemas a uno de sus padres, quien no se comunicaba. La rebelión de muchos adolescentes es simplemente para ganar la atención de su padre, para presionarlo a salir de su caparazón. Un padre que no se comunica tiene la capacidad de destruir la autoestima de sus hijos. Por lo tanto, este comportamiento es un pecado y tiene que rectificarse. Para lograrlo, sin embargo, una persona tiene que dejar de usar su personalidad como una excusa.

Trato ahora con un adolescente que tiene mucha dificultad en comunicarse. El tiene un alto cociente de inteligencia y es un muchacho de talento, tanto en la música como en el atletismo. El y yo hemos concluido que la mayor parte de su problema nace de su incapacidad de comunicarse con su padre, la persona con la cual él más desea comunicarse. La respuesta de su padre a todo esto es: "No me gusta hablar mucho; así fue como crecí; yo soy así." Yo creo que Dios liberará a este adolescente de su dificultad con la comunicación, y vencerá este problema a pesar de la indisposición de su padre de lidiar con su propio pecado. "¿Pecado?" dice usted. "¿Usted quiere decir que la falta de comunicación es pecado?" Si no deja que una persona cumpla la responsabilidad dada por Dios de ser padre o jefe en un empleo, ciertamente lo es. Lo importante es que de una vez por todas alguien lo vea por lo que es realmente y deje de excusarse. ¡Dios puede liberar al individuo!

¿Puede usted recordar haberse oído decir a sí mismo: "Yo soy así"? ¿Espera usted que la gente acepte y se adapte a sus rarezas? ¿Ha estado usando su personalidad como excusa por la manera que es, más bien que procurando cambiar? Si lo ha hecho, es tiempo de dejar de disculparse y comenzar a progresar. Hacer otra cosa es privarse a sí mismo y a otros del gozo que viene con la libertad de abandonar los hábitos malos.

Está por todos lados

Otra excusa que las personas usan es la de las circunstancias o el ambiente. "Si no fuera por la gente con quien trabajo, yo no tendría este problema." "Si yo no tuviera toda esta presión en el hogar, estoy seguro de que podría cambiar." "No es mi culpa. Mis amigos me obligaron a hacerlo."

Más y más solteros están usando su soltería como excusa para tener relaciones sexuales premaritales. "Tengo treinta años, y no es natural para nadie de mi edad ser célibe. Si yo tuviera una esposa, no tendría este problema." Y así, como mucha gente, ellos usan sus circunstancias como una excusa. "Si sólo mis circunstancias fueran diferentes."

Roberto

Estuve hablando con un hombre soltero en nuestra iglesia acerca del fumar. Para esta ilustración lo llamaré Roberto. El creía que fumar era un pecado. El sabía que estaba arruinando su testimonio como también su salud. Aun dejó de fumar por breve tiempo. En nuestra conversación admitió, sin embargo, que había perdido la esperanza de dejar de hacerlo porque todos sus amigos fuman. "Yo no puedo dejar de fumar a menos que ellos lo hagan", dijo él, "y yo sé que ellos no lo van a dejar."

Sin decirlo realmente, Roberto estaba culpando a sus amigos por su hábito de fumar. El puso su destino en las manos de ellos en lo relacionado con el fumar. En esencia, él decía: "Hasta que mi ambiente no cambie, no espere que yo cambie." Admitamos que el fumar conlleva otras consideraciones cuando hablamos de la tentación, pero Roberto nunca procuró luchar con ellas. El se conformaba con culpar a sus amigos por su hábito.

Puede ser que usted responda a la situación de Roberto diciendo: "El sólo necesita amigos nuevos." Aunque eso fuera verdad, Roberto necesitaba algo más que nuevos amigos. Como mucha gente, él necesitaba dejar de culpar a otros por sus problemas. El problema de Roberto no eran realmente sus amigos; era su falta de deseo de aceptar la responsabilidad por su problema. Hasta que la persona no esté dispuesta a hacer eso, puede cambiar de amigos, de trabajo, de familia y todavía terminar formado y controlado por su ambiente.

Culpar a las circunstancias por sus hábitos es permitirle a alguien o algo controlar su destino en esa esfera en particular. Usted le ha entregado la dirección de su vida a una entidad que no puede cambiar ni controlar. Ciertamente, viene el tiempo de cambiar de trabajo o de amigos o de cualquier cosa que esté contribuyendo a su problema. Pero primero tiene que enfrentar el hecho de que *usted* es responsable por su comportamiento.

En mi familia todos son así

Una tercera excusa que la gente es tentada a usar es la familia. "Si usted conociera la clase de familia en la que yo crecí, entendería por qué yo soy como soy." "Si usted hubiera conocido a mi mamá, sabría por qué yo actúo así." "Mi padre siempre me dijo que un hombre verdadero nunca . . . y por lo tanto yo no puedo . . . hasta el día de hoy."

Parece que más y más me estoy encontrando con creyentes que han ido a ver a un consejero o han leído libros sobre consejos y ahora saben algo del impacto que los padres pueden hacer en los hijos y cómo eso puede afectarlos como adultos. Por consiguiente, un número creciente de creyentes saben por qué actúan y reaccionan como lo hacen en ciertas circunstancias y relaciones. Obtener este conocimiento del pasado puede ser un paso positivo para rectificar problemas de comportamiento cuando se procede a hacerlo. Desafortunadamente, parece ser que algunos emplean este conocimiento como una excusa más bien que como un instrumento de ayuda en el proceso del cambio. Ellos atribuyen la responsabilidad por sus pecados a sus padres. "Si mis padres no me hubieran tratado como lo hicieron, yo no tendría estos problemas."

Tina, la locuaz

Tina era esa clase de muchacha. Ella sabía tanto o más que yo sobre asesoramiento. Cuando vino a verme, me dio una descripción detallada de su niñez, seguida de un sorprendente análisis de cómo su niñez la había afectado como adulta. Ella era capaz de relacionar cada cosa con las cuales estaba bregando a un acontecimiento o serie de acontecimientos en su niñez y adolescencia. Puedo recordar que pensé: *Nosotros tenemos que emplear a esta joven.* Mientras ella hablaba, comencé a preguntarme por qué había realizado una entrevista para recibir consejos. Ella parecía entender todo lo que estaba sucediendo alrededor y dentro de ella.

Entonces le pregunté qué pasos positivos había dado para rectificar su problema. Tina evadía mis preguntas y explicaba de nuevo escenas de su niñez y cómo la habían herido ahora que era adulta. De repente me di cuenta de que Tina no deseaba ayuda; ella sólo quería hablar. Había crecido con su pecado y se sentía cómoda con él. Cuando comenzaba a molestarla, buscaba a alguien con quien hablar, y eso la ayudaba a aliviar su culpa por algún tiempo.

Yo me reuní con Tina varias veces antes de explicarle que su problema no eran sus padres. Era su falta de deseo de asumir responsabilidad por sus acciones. Mientras escribo este capítulo, Tina todavía está yendo de consejero en consejero, de amigo en amigo, repitiendo la historia que ha dicho tantas veces, una historia que he descubierto que es verdadera y podría muy bien ser la raíz de sus problemas. Sin embargo, la historia ha venido a ser una excusa para permitir un hábito en la vida de Tina que finalmente la destruirá.

Es necesario desasirse del pasado

Habiendo crecido en una situación familiar que estaba lejos de ser ideal, yo sé que la debilidad y propensión para el pecado pueden entretejerse en la personalidad desde la niñez. Yo entiendo la tentación de mirar hacia atrás como una excusa para dejar de luchar con el pecado. Después de lo que yo he pasado, no parecería justo esperar que yo cambiara.

Pero también sé el dolor y la frustración que tal irresponsabilidad causa a la familia. Así que llegó un día en mi vida cuando tuve que dejar atrás el pasado y luchar con las cosas según eran. Fue difícil. Sin embargo, fue sólo cuando asumí responsabilidad por mi conducta que pude cambiarla. Por la gracia de Dios, las cosas cambiaron.

Amigo mío, las cosas pueden cambiar también para usted. Pero tiene que desasirse del pasado. Tiene que estar dispuesto a ver el pecado por lo que es y luego prepararse para luchar con él. Mientras continúe asiéndose de sus trilladas excusas, las cosas permanecerán iguales. Sus padres, tal vez con intención o sin ella, pudieron ser responsables por los problemas que usted enfrenta hoy. Sin embargo, *usted* es el único responsable ante Dios para luchar con las cosas en su vida que necesita cambiar.

El diablo me hizo hacerlo

La excusa, "el diablo me hizo hacerlo", ha existido desde que comenzó el mundo. Dado que sabemos que Satanás tuvo que ver con el proceso de la tentación, parece lógico que le asignemos la culpa. Pero necesitamos estar conscientes de que el diablo no puede *hacernos* hacer algo. La Biblia dice que Satanás es un engañador (Génesis 3:13; 2 Corintios 11:3; Apocalipsis 18:23). Jesús lo llamó "padre de mentiras" (Juan 8:44). El único poder de Satanás sobre la gente es a través de la manipulación y el engaño. Si él pudiera realmente *hacernos* hacer cosas, no necesitaría pasar el trabajo de engañarnos. Cuando él suspende la carnada correcta enfrente de nosotros, fomentamos nuestros deseos carnales y sentimos como si algo estuviera atrayéndonos hacia el pecado. Pero no es una fuerza que nos controla por completo. En cada caso somos nosotros quienes decidimos desobedecer. Si Satanás pudiera hacernos pecar, el proceso de la tentación no sería necesario.

Piense acerca de esto de la siguiente manera. Imagínese a sí mismo parado al borde de un precipicio que termina en un profundo desfiladero rocoso. Suponga que yo llego y le digo: "Hemos secuestrado a un miembro de su familia. Si usted se niega a arrojarse al precipicio, su pariente será brutalmente golpeado y luego asesinado." ¿Lo he obligado yo a saltar? Si usted cree en mi historia y cree que saltando podría salvar al miembro de su familia, puede que yo haya hecho que usted tenga el *deseo* de saltar o de estar *ansioso* de saltar al precipicio. Pero yo no lo he *hecho* saltar. Aun cuando usted salte, y mientras desciende al fondo se da cuenta de que yo le mentí, todavía yo no lo *hice* saltar. Simplemente lo engañé para que saltara. Por otro lado, si yo me hubiera puesto detrás de usted y lo empujara hacia abajo, entonces lo hice hacer algo contrario de lo que usted deseaba hacer, sentía hacer, o aun pensó hacer.

Piense en la última vez que fue tentado a pecar. ¿Descubrió de repente que estaba pecando o que había pecado? ¿Estaba usted en el proceso antes de pensarlo? ¿O comenzó con un pensamiento, luego un sentimiento, entonces una pequeña lucha y después el pecado en realidad? Nadie sujetó a Eva ni le metió la fruta en la boca; y nadie tampoco lo empuja a usted y lo obliga a pecar. Más adelante trataremos con más detalles en cuanto a la función del diablo en el proceso de la tentación. Por ahora, basta con decir que él no puede *hacernos* hacer nada.

Señor, ¿cómo pudiste?

Muchos creyentes, algunos intencionalmente, otros sin intención, culpan a Dios por las tentaciones. De hecho, usted está finalmente culpando a Dios cuando culpa cualquier cosa o a alguien por sus debilidades en una esfera en particular. Dios le permitió a usted nacer en una familia. El le permitió encontrar el grupo que lo mantiene continuamente en problemas. El le permitió que conociera al individuo con el cual finalmente se complicó. El sabía qué clase de personalidad tendría usted. Si pensó acerca de su pecado lo suficiente, podría encontrar una forma de culpar a Dios.

Pero la Escritura es clara al explicar que Dios no es la causa de su tentación. Santiago escribió:

> Cuando alguno es tentado, no diga que es tentado de parte de Dios; porque Dios no puede ser tentado por el mal, ni él tienta a nadie.
>
> Santiago 1:13

Aunque Santiago dice que Dios no tienta a nadie, él no aclara el misterio de por qué un Dios bueno permite cosas que nos llevan a ser tentados cuando él ciertamente tiene el poder de detenerlas. Esta pregunta conduce al asunto de Dios y el mal. Sin entrar en una discusión completamente diferente, basta con decir que nuestro buen Dios originalmente creó un mundo bueno y perfecto. En ese mundo bueno y perfecto había seres humanos a quienes les había dado el don maravilloso de la elección, y ellos usaron ese don como explicamos anteriormente.

Cuando Adán y Eva tomaron una decisión incorrecta, ellos hicieron del mal una realidad. Siempre existía la posibilidad porque tenían la capacidad de seleccionar por ellos mismos, pero lo hicieron una realidad en lo que se refiere a los seres humanos. Dios está obrando en procura de una creación perfecta otra vez. Mientras tanto vivimos en un mundo imperfecto rodeado por gente que continuamente abusa el don de la elección. Dios no tiene la culpa; la culpa la tiene el hombre. Así que cada uno de nosotros tiene la culpa por nuestra propia falta de deseo de resistir la tentación, y a veces por la inhabilidad de hacerlo.

Presentaron todo tipo de excusa

La Biblia ofrece dos argumentos principales en contra de la idea de culpar a otros en relación con la tentación. El primero es por ilustración. Adán y Eva trataron de culpar a alguien por sus fracasos. Cada uno de ellos tuvo lo que pareció ser una excusa legítima. La serpiente realmente engañó a Eva, y Eva realmente le dio la fruta a Adán. ¿Cómo podía saber Eva que la serpiente mentía? Ella nunca había oído antes una mentira. ¿Cómo podía saber Adán que no podía confiar en Eva? Ella nunca había sido indigna de confianza antes. Además de eso, si Dios no le hubiera permitido a la serpiente tentar a Eva en primer lugar, ella nunca hubiera pecado. Después de todo, tal vez Dios tuvo la culpa. Adán parecía pensar así. El dijo: "La mujer *que me diste* por compañera me dio del árbol, y yo comí" (Génesis 3:12). Es como si él dijera: "Dios, si tú no me hubieras dado esta compañera, ¡yo no tendría este problema!"

Yo puedo recordar haber pensado leyendo esta historia: *Vamos, Dios, dale otra oportunidad.* Quiero decir, difícilmente parece bien que dos personas que no sabían nada acerca de engaño, pecado o muerte se les hiciera responsables por tan aparente pequeñez. Sin embargo Dios los responsabilizó, y los echó fuera del huerto.

No hay lugar para huir

Un segundo argumento según el cual cada uno de nosotros somos personalmente responsables por nuestra inhabilidad para resistir la tentación se encuentra en el pasaje bíblico que trata del juicio. El apóstol Pablo escribió:

> Por tanto procuramos también, o ausentes o presentes, serle agradables. Porque es necesario que todos nosotros comparezcamos ante el tribunal de Cristo, para que cada

uno reciba según lo que haya hecho mientras estaba en el cuerpo, sea bueno o sea malo.

2 Corintios 5:9, 10

De acuerdo a este pasaje, la motivación de Pablo de agradar a Dios era el saber que finalmente tendría que presentarse ante Dios y dar cuenta de su vida. Note lo que él dijo por lo que tendría que dar cuenta: "*Sus hechos* en el cuerpo, según lo que haya *hecho*." Cada uno de nosotros será "recompensado" o pagado por Dios por lo que *hacemos* en esta vida. Esto no es simplemente un asunto de ser recompensado por las cosas buenas que hacemos. Pablo expresa con claridad que en el juicio Dios prestará atención también a las cosas malas: "Según lo que haya hecho, sea *bueno* o sea *malo*."

Yo no sería sincero si les dijera que entiendo completamente todo lo que Pablo nos dice en estos versículos. Lo que es inevitablemente claro, sin embargo, es que Dios nos va a pedir cuentas por lo que hacemos, tanto bueno como malo. Pablo no está contando con excusarse por sus debilidades, por causa de su niñez, sus varias persecuciones, sus largas noches solitarias en el mar, o su incansable trabajo en el reino de Dios. El esperaba encontrarse con Dios sin tener lugar donde huir ni excusas para tratar de absolverse a sí mismo. Usted y yo podemos esperar lo mismo. La Biblia lo dice bien claro.

¿A quién culpar?

¿Ha caído usted en el hábito de presentar excusas por los pecados repetidos en su vida? ¿Ha comenzado a creer su propia historia a tal punto que ya no siente convicción del pecado que antes lo llevaba de rodillas en confesión y arrepentimiento? ¿Se ha convencido a sí mismo que Dios entiende su situación particular y seguramente no le va a pedir cuentas? ¿Ha encontrado a personas o a un grupo de gente a quien culpar por sus fracasos?

Si responde afirmativamente a cualquiera de estas preguntas, tiene que tomar una decisión. La decisión que tome determinará si alguna vez experimentará una victoria consecuente sobre el pecado en su vida. También determinará si usted terminará o no de leer este libro. El primer paso en vencer la tentación es dejar de engañarse a sí mismo pensando que alguien o algo es responsable por sus acciones. Dios no aceptó los intentos de Adán y Eva de culpar a otros. Tampoco él acepta los suyos. ¿Quién tiene la culpa por su fracaso en luchar victoriosamente con la tentación? Usted mismo. Enfrentar este simple hecho es dar un paso gigantesco hacia la victoria sobre la tentación.

CAPITULO CUATRO

Las raíces del mal

TODOS NOSOTROS hemos tenido la experiencia desalentadora de sentirnos culpables de un pecado en particular, confesarlo y volverlo a repetir. En realidad, ése puede ser el ciclo de acontecimientos que lo ha llevado a usted a leer este libro. Todas las semanas algunas personas desfilan por los pasillos de nuestra iglesia confesando los mismos pecados que han confesado miles de veces. Cada verano miles de adolescentes salen de los campamentos de las iglesias en todo el país habiendo rededicado sus vidas en las mismas esferas que las habían rededicado el verano anterior. Yo sé que ha habido ocasiones en mi vida en que he deseado decirle a Dios: "Dios, si estoy destinado por el resto de mi vida a caer en tentación, ¿podríamos cambiar la categoría de vez en cuando para que no me desaliente?"

Para bregar victoriosamente con las tentaciones repetidas que plagan nuestra vida, tenemos que ir a la raíz del problema. Nos encontramos luchando con las mismas cosas una y otra vez porque generalmente nos vamos a aquello que nos hace ser tan susceptibles; nunca descubrimos lo que nos predispone para ser tentados en la manera en que lo somos. Tratamos con el pecado como mis niños acostumbraban bregar con las yerbas malas en un jardín de flores. En vez de darse tiempo para arrancarlas de raíz, simplemente las cortaban a nivel de la tierra. El jardín de flores se veía bien por un tiempo, pero en unos días las hierbas malas volvían, haciéndolo ver tan desagradable como antes.

El principio que vamos a ver en este capítulo tiene la posibilidad de liberarlo de una vez y para siempre de todas las cosas que han estado acosándole por años. Cuando yo descubrí esta simple verdad, transformó mi relación con mi esposa y mis hijos. Por años había luchado con algo que produjo desunión entre mi familia y yo. Yo lo confesaba una y otra vez, y aún no podía vencer esta tentación. Fue durante uno de mis tiempos de abatimiento que Dios, a través de algunos amigos, me reveló este principio.

Simplemente dicho, lo que vemos como nuestra fuente de importancia o seguridad determinará finalmente nuestras acciones. Nuestro comportamiento, en la mayor parte, se determina por las cosas o persona que creemos que hacen de nosotros personas dignas de ser conocidas. Mi hijo Andy parafraseó este principio en esta forma: "Lo que vemos como nuestra fuente determinará nuestro curso en la vida."

Por ejemplo

Imagínese por un momento a dos estudiantes posgraduados estudiando para un examen. El estudiante A realmente no está preocupado por las notas. El cree que una persona debe hacer lo mejor que pueda y confiar en Dios por el resultado. El estudiante B, sin embargo, tiene la tendencia de comparar su valor y capacidad como hombre de negocios con el promedio de puntos de sus notas. El sabe que las compañías toman muy en serio las notas del estudiante, y por eso, no puede pensar en sacar menos de un sobresaliente.

Esa noche, mientras estudian, ambos reciben a un visitante que pudo lograr conseguir una copia del examen. Ambos estudiantes son cristianos y creen que el engaño es malo. ¿Cuál de los dos tendrá más dificultad en resistir la tentación de engañar? ¿Ve usted como la confusión del estudiante B sobre su dignidad personal e importancia lo predispone para esta tentación? De la misma manera muchos de nosotros nos disponemos para ser tentados. En cualquier momento que nuestro sentido de dignidad personal o seguridad se une a algo o alguien, nos disponemos a ser controlados por esa cosa o persona.

Este principio explica por qué un comerciante que sabe que debe pasar más tiempo en el hogar y menos tiempo en el trabajo, no parece cambiar. ¿Por qué? Porque mientras que su sentido de importancia y seguridad esté derivado de su negocio, él será controlado por él. Este principio explica por qué una mujer cristiana soltera, que sabe y cree lo que dice la Biblia sobre el yugo desigual, se comprometerá y se casará con un incrédulo. ¿Por qué? Porque en algún lugar en el pasado ella comenzó a comparar el éxito y la satisfacción en la vida con el matrimonio. No necesariamente la elección de Dios de un compañero, sino el matrimonio en general.

Yo veo este principio ilustrado de dos formas en la vida de algunos hombres jóvenes. Algunos dicen en su mente: "El que tenga la novia más linda es el más dichoso." Así que se disponen a encontrar a la "muchacha más bonita". En todo momento, ellos saben que las prioridades de Dios son diferentes, sin embargo, son arrastrados por el deseo de ser vistos con admiración por sus compañeros. Otros muchachos se convencen de que ser un gran atleta es la manera de encontrar significado y un sentido interior de seguridad. Así que lo buscan con toda su energía y dedicación. Pronto comienzan a vivir para los deportes. Ellos saben que deben participar en las actividades de la iglesia, pero no tienen suficiente tiempo. Saben que tienen que mantener amistades cristianas, pero prefieren estar con otros atletas. Saben que deben tener devociones diarias, pero siempre están demasiado cansados al finalizar el día. Antes de mucho tiempo, el fútbol, el baloncesto o algún otro deporte controla sus vidas.

Yo conozco a evangelistas cuyo sentido de importancia se define en sus mentes por el número de personas que toman decisiones en sus cruzadas. Prácticamente de eso es de lo único que hablan. Cuando las cosas no van bien, comienzan a agrandar la verdad sobre sus resultados. No es que ellos creen que mentir sea correcto, sino que son demasiado inseguros para decir la verdad.

Yo he visto parejas en nuestra iglesia tan envueltas en su vida social que pronto están demasiado ocupadas y no asisten a la iglesia. Que sus hijos participen en los clubes "correctos" es más importante que asistir a la escuela dominical. Cuando se confrontan, en broma dan excusas y finalmente dicen algo así: "Usted tiene razón, pastor. Veremos qué podemos hacer." Y generalmente no hacen nada. ¿Por qué? Porque lo que ellos ven como la fuente de importancia y seguridad controla el uso de su tiempo.

Una ilustración trágica

Algunos de los ejemplos más trágicos de cómo funciona este principio vienen de los niños de hogares destruidos. A menudo una niña que crece con poco o ningún afecto de su padre es más propensa a la tentación sexual que una niña que recibe la clase correcta de afecto masculino en el hogar. Una niña que no recibió el amor que necesitaba en el hogar, puede buscarlo en cualquier otro sitio. Sin estar consciente de ello, el afecto masculino viene a significar seguridad para ella. Los sentimientos iniciales que ella experimenta, aun en una mala relación, son mucho mejor que el vacío que sentía antes de caer una y otra vez a la invitación sexual de hombres con los cuales sabe que no debe asociarse.

Decirle a una muchacha como ésa que no debe tener relaciones sexuales premaritales es como cortar la hierba mala a nivel de la tierra. Puede que altere su comportamiento por un tiempo, pero cuando los sentimientos de soledad e inseguridad vuelvan a emerger, ella volverá a satisfacer sus necesidades en la forma que siempre lo ha hecho.

Cualquiera que creció en un hogar donde había deficiencia de amor paternal experimentará una fuerza más poderosa hacia ciertos pecados que la persona que gozó del calor de la vida hogareña. La mayoría de los hombres homosexuales que han venido por consejo vienen de hogares donde no había una figura fuerte de padre. Estos hombres crecieron sin el afecto masculino que todo el mundo necesita. Entonces fueron vulnerables a la oferta de afecto masculino disponible en la relación homosexual. Como mencioné en el capítulo 3, estas circunstancias desafortunadas en ninguna manera les quitan a las personas la culpa o responsabilidad de su comportamiento. Pero si pueden entender la conexión entre sus experiencias infantiles y sus luchas presentes, es mi esperanza que sean capaces de bregar con la raíz de sus tentaciones particulares.

Mientras hombres y mujeres busquen ganar sentido de importancia y dignidad de cualquier cosa aparte de Dios, están propensos a la tentación. Cierta gente, lugares o cosas siempre tendrán una fuerza extraordinaria de llevarlos al pecado. Hasta que ellos cambien su definición de importancia y hasta que no dependan de Alguien que puede darles verdadera seguridad, nunca experimentarán victoria duradera en sus vidas.

Donde comenzó todo

Así que, ¿cómo comenzó todo esto? ¿Cuándo se sintió el hombre tan inseguro que llegó a la conclusión de que tenía que unirse a algo o a alguien para sentirse próspero y digno? Otra vez nos encontramos en el primer capítulo del Génesis.

El hombre, antes de la caída, encontró su importancia a través de su relación de criatura/Creador con Dios. El hombre era el representante de Dios en la tierra (Génesis 1:26-30). Sirviendo y obedeciendo a Dios, el hombre tenía una razón para vivir y una gran seguridad. Era realmente un sistema simple. El hombre servía a Dios, y Dios lo cuidaba. El hombre era importante porque servía al Dios del universo y tenía una relación íntima con él. ¿Qué podía ser más importante que eso?

Cuando Satanás tentó a Adán y a Eva, la tentación que él les ofreció fue realmente que ellos establecieran para sí mismos una identidad aparte de Dios. Piense acerca del significado de las palabras de Satanás a Eva:

> Entonces la serpiente dijo a la mujer: No moriréis; sino que sabe Dios que el día que comáis de él, serán abiertos vuestros ojos, y seréis como Dios, sabiendo el bien y el mal. Y vio la mujer que el árbol era bueno para comer, y que era agradable a los ojos, y árbol codiciable para alcanzar la sabiduría; y tomó de su fruto, y comió; y dio también a su marido, el cual comió así como ella.
>
> Génesis 3:4-6

Satanás le estaba diciendo a Eva: "Eva, Dios te mintió. Tú no puedes confiar siempre en él para que te dé lo que es mejor para ti. Tienes que comenzar a preocuparte por ti misma. Es tiempo de que tomes algunas decisiones; sé independiente. Tú puedes ser como Dios. ¿Por qué servirle cuando puedes ser igual que él? ¿Por qué cuidar de sus cosas cuando puedes tener las tuyas propias? Tú no lo necesitas para que te cuide. ¡Tú puedes cuidar de ti misma!"

Adán y Eva fueron tentados a abandonar la seguridad y el lugar de importancia ofrecido por Dios. Fueron tentados a establecer una identidad para sí mismos aparte de él, y creyeron la mentira. La Escritura dice: "Y vio la mujer que el árbol era . . . codiciable para alcanzar la sabiduría" (3:6). Para Eva, la sabiduría ofrecida por el árbol representaba independencia. Era sabiduría más allá de lo que Dios había ofrecido. Era sabiduría que le permitiría funcionar igual que Dios. Ya ella no estaría a la merced de Dios en términos de su conocimiento. Ella podía conocer por sí misma. Así que comió.

El paraíso perdido

El versículo después de la conversación entre Eva y Satanás sería gracioso si no fuera tan trágico. En los versículos 7 al 13 encontramos las primeras decisiones de estos seres autodidactas, independientes, al proceder por su cuenta por primera vez.

> Entonces fueron abiertos los ojos de ambos, y conocieron que estaban desnudos; entonces cosieron hojas de higuera, y se hicieron delantales.
>
> Génesis 3:7

El primer sentimiento que tuvieron estos "independientes pensadores libres" fue la vergüenza, ciertamente no una mejora sobre lo que habían sentido bajo la autoridad de Dios. Por consiguiente, lo primero que hicieron fue cubrirse. No tuvieron un buen principio, ¿no es verdad?

> Y oyeron la voz de Jehová Dios que se paseaba en el huerto, al aire del día; y el hombre y su mujer se escondieron de la presencia de Jehová Dios entre los árboles del huerto.
>
> Génesis 3:8

Lo siguiente que nuestros liberados antepasados hicieron fue correr y esconderse. ¡No es así como los individuos que son iguales a Dios actúan! ¿Qué pasó con su nuevo sentido de seguridad y confianza? ¿Dónde estaba toda la "sabiduría" que le habían prometido?

> Mas Jehová Dios llamó al hombre, y le dijo: ¿Dónde estás tú? Y él respondió: Oí tu voz en el huerto, y tuve miedo, porque estaba desnudo; y me escondí. Y Dios le dijo: ¿Quién te enseñó que estabas desnudo? ¿Has comido del árbol de que yo te mandé no comieses?
>
> Génesis 3:9-11

La nueva independencia de Adán y Eva dio como resultado la vergüenza, y también experimentaron miedo por primera vez. El miedo los llevó a un comportamiento irracional de intentar huir de Dios. ¡Cuán tontos! Pero así es con los hombres y las mujeres que andan por su cuenta.

> Y el hombre respondió: La mujer que me diste por compañera me dio del árbol, y yo comí. Entonces Jehová Dios dijo a la mujer: ¿Qué es lo que has hecho? Y dijo la mujer: La serpiente me engañó, y comí.
>
> Génesis 3:12, 13

Tan pronto como Dios les preguntó a Adán y a Eva sobre su pecado, inmediatamente ellos le echaron la culpa a otros.

Búsqueda de seguridad

Adán y Eva aprendieron pronto una lección que a algunos les lleva toda la vida aprender. Simplemente dicho, el hombre no tiene importancia o seguridad aparte de su relación con Dios. La criatura halla su valor total en el contexto de su relación con su Creador. Aparte de eso, no hay nada. Tan pronto como Adán y Eva se separaron de Dios, todo se derrumbó, tanto dentro de ellos como afuera.

Imagínese por un momento que usted ha sufrido un terrible accidente automovilístico. Cuando recupera el conocimiento, se halla en el hospital. De repente, el médico entra y le dice: —Bien, tengo una buena noticia y una mala noticia. La mala noticia es que en el accidente, su brazo fue cercenado.

Con mucha ansiedad en la voz usted pregunta: —¿Cuál es la buena noticia?

El le responde: —La buena noticia es que pudimos conservar su brazo.

En ese momento una enfermera entra con una caja rectangular. Al bajarla al nivel de sus ojos usted, boquiabierto y horrorizado, contempla su brazo. ¡Lo han conservado en una caja!

En un instante, lo que se suponía que fuera una buena noticia se convirtió en una pesadilla. ¿Por qué? Porque el brazo es inservible cuando está separado del cuerpo. Lo que antes tenía mucha importancia para usted, ha llegado a ser horrible aun mirarlo.

En la misma forma, aparte de una relación viva con el Creador, la criatura experimentará un sentido de falta de propósito y de valor. Siempre habrá algo que falta, algo que no se puede reemplazar con bienes, dinero o relaciones.

Conectado, pero apagado

Usted puede pensar: *Pero yo tengo una relación personal con mi Creador. ¿Por qué encuentro tan difícil resistir la tentación?* La respuesta es que Satanás está todavía en el asunto del engaño. A través de sus socios demoníacos, trabaja constantemente para convencernos de que para ser realmente alguien, para estar verdaderamente seguros, tenemos que lograr ciertas metas, tenemos que tener ciertas cosas, nos tienen que ver con cierta gente, y tenemos que ser parte de la organización "correcta". Así como sedujo a Adán y a Eva aparte de su relación con Dios, nos seduce a nosotros mental y emocionalmente para que busquemos en cualquier otro lugar nuestra dignidad e importancia. Tratamos de suplir nuestras necesidades por medio del uso de la mente más bien que en la forma provista por Dios.

Tales resultados son exactamente lo que vimos que ocurrió en el huerto del Edén. Vivimos con vergüenza innecesaria. "No quiero que la gente vea donde vivo." "¿Y si a mis socios en el negocio no les agrada mi automóvil?" "Mi hijo no calificó para jugar en el equipo de fútbol." "No tengo nada nuevo que ponerme." "No salí en la lista de honor en la universidad." "Espero que nadie me pregunte adónde fuimos en las vacaciones."

Como Adán y Eva, creamos para nosotros mismos un mundo de temor. ¿Y qué pasará si no tengo suficiente dinero? ¿Y si mi cónyuge se divorcia de mí? ¿Y si no me dan el aumento? ¿Y si no me dan el préstamo? ¿Y si tengo que asistir a una universidad estatal? ¿Y si la gente averigua que tenemos que mudarnos? ¿Y si pierdo mi trabajo? ¿Qué pasará si tengo que quedarme en casa este fin de semana?

Entonces nos ocultamos. Hacemos lo mejor que podemos para aparentar que somos algo que no somos. Si fuere necesario, mentimos para mantener el concepto. No es que pensamos que mentir sea correcto. Es algo que nos encontramos haciendo para cubrir lo que sentimos que son nuestros fracasos y nuestras incapacidades.

El proceso de ocultar

Un buen amigo me habló sobre sus luchas con la mentira. Cada vez que alguien le preguntaba sobre su participación en el atletismo cuando era estudiante de escuela superior, decía: "Yo jugaba fútbol y corría carreras de pista." Era cierto que mientras estaba en la escuela superior, jugaba al fútbol y también corría alrededor de la pista varias veces. Pero él nunca jugó con el equipo de la escuela como hacía creer a la gente.

El se sentía muy mal cada vez que repetía la mentira. El oraba y le pedía perdón a Dios y prometía no volver a mentir. Pero tan pronto como le preguntaban la próxima vez, volvía a repetir la misma historia. Finalmente, un día mientras regresaba a su casa después de haber visitado a un amigo, el Señor le reveló la raíz de su problema.

Cuando estaba en el octavo grado, trató de formar parte del equipo de baloncesto. Para él era muy importante pertenecer a dicho equipo. Ser un atleta quiere decir popularidad instantánea y mucha atención de las muchachas. Pero él nunca pudo formar parte del equipo. Las circunstancias que causaron que fuera eliminado fueron tan dramáticas que él nunca más trató ninguna otra cosa. Aunque él no fue parte del equipo, su sistema de valores permaneció igual. Creía que los atletas son famosos y merecen atención. Este sistema de valores quedó con él a través de todo el liceo y la universidad. Cada vez que alguien le preguntaba sobre su participación en el atletismo, él se sentía como un fracasado, tanto que mentía al respecto.

Mi amigo buscaba que los éxitos atléticos le proporcionaran un lugar de distinción y admiración. En su forma de pensar, los éxitos atléticos eran una señal de dignidad personal. Como era una persona insegura, se sentía impulsado a mentir. Como él lo describió, no era realmente un pecado premeditado; se sorprendía a sí mismo mintiendo. Era una respuesta emocional a un sentido profundo de inseguridad cuando surgía el tema del atletismo.

Mientras regresaba a su casa esa noche, la verdad de su situación fue aclarada. Inmediatamente su mente se cercioró de la verdad: La habilidad atlética no determina el valor de una persona. El verdadero valor de una persona está encerrado en la relación de la criatura con su Creador. Ese fue el final de su mentira. Ahora él es libre para decir la verdad y para reírse de su propia incapacidad en la esfera del atletismo.

Efectuando el cambio

No toda tentación que usted enfrenta será el resultado directo de un incorrecto sentido de seguridad e importancia. Las que lo son, sin embargo, se pueden rectificar transfiriendo sencillamente el sistema de valores desde las normas del mundo a las normas de Dios. Usando el término *sencillamente*, no quiero implicar que será fácil. La rapidez con que se verá libre depende, hasta cierto punto, de cuán profundamente está arraigado su sistema de valor. Quizás una experiencia de niño o una serie de experiencias en su pasado lo han predispuesto para las tentaciones que ha estado experimentando. Si eso es cierto, puede ser que necesite un período más largo para ser libre emocionalmente.

El cambio desde su valores presentes a los valores de Dios conlleva dos pasos. Primero que nada, usted tiene que identificar las cosas y personas de las cuales deriva su identidad. Yo llamo a este paso del proceso *repaso de su vida*. Incluye la respuesta a una serie de preguntas:

1. ¿Qué es lo que usted teme más?
2. ¿Quién tiene la posibilidad de hacerle daño?
3. ¿Quién lo hiere con frecuencia?
4. ¿Cuáles esferas de su vida tiende usted a enfatizar demasiado?
5. ¿Qué circunstancias lo ponen realmente incómodo?
6. ¿En qué o en quién ha puesto usted todas sus esperanzas y sueños para el futuro?

Cuando en oración usted conteste estas preguntas, Dios comenzará a mostrarle las cosas o personas a su alrededor en las que consciente o inconscientemente está edificando su seguridad y dignidad propia. Lo que usted está buscando en las respuestas a estas preguntas es una cantidad *excesiva* de dependencia en cualquiera de estas cosas, persona o actividad. Hay que admirar a los grandes atletas como también a gente próspera en cualquier esfera. Siempre habrá alguna dependencia emocional en un amigo, amiga o cónyuge. Sólo viene a ser negativa cuando su sentido de seguridad e importancia depende de algo más que de su relación con Dios. Cuando su comportamiento es controlado, o por lo menos altamente influido, por fuerzas que no sean la norma de comportamiento de Dios, las cosas han ido demasiado lejos.

Un segundo paso en hacer este cambio envuelve *renovar la mente para que se compenetre de la verdad.* Para renovar la mente, usted tiene que quitar la manera antigua de pensar y reemplazarla con la verdad. Vamos a tratar este tema con más detalles en un capítulo posterior. Pero en este momento de nuestra exposición, la verdad que usted necesita enfocar tiene que ver con las esferas de seguridad e importancia. La verdad es que toda su seguridad e importancia están relacionadas con Dios a través de Jesucristo. Piense en estas preguntas:

1. ¿Quién lo creó a usted?
2. ¿Quién lo escogió para vivir con él para siempre?
3. ¿Quién tiene el poder de la vida en sus manos?
4. ¿Quién está en control de todo lo que pasa en el mundo hoy?
5. ¿Quién envió a su Hijo a morir por usted?
6. ¿Quién prometió que nunca lo dejaría?

7. ¿Quién prometió estar a su disposición en todo momento?
8. ¿Quién tiene el poder de producir en su vida todo lo que ha prometido?
9. ¿Quién ha prometido estructurar sus circunstancias en tal forma que usted pueda llegar a la madurez?
10. ¿Quién le ha dado una identidad eterna basada en la obra de Dios?
11. ¿En quién, entonces, descansa su verdadera seguridad?
12. ¿Qué relación es la prueba de su verdadera importancia?

Dios lo creó a usted, y él controla la duración de su vida aquí en la tierra. Junto con eso, su Hijo ha prometido que nunca lo dejará. Dado que esto es verdad, su relación con Dios le provee a usted más seguridad que ninguna otra relación.

En cuanto a su sentido de importancia y dignidad, Dios lo ama lo suficiente como para perdonar sus pecados mediante la muerte de su Hijo en la cruz. El lo acepta tal cual es. Lo que usted posee, usa, maneja, vive o tiene en el banco no tiene importancia para él. Usted tiene importancia porque él lo creó.

Comience ahora

Estas son algunas de las verdades que debe enfocar si va a quebrantar el poder del pecado en su vida. Lo que usted ve como la fuente de sus relaciones *determinará* su curso. No podrá eludir este principio. Usted puede confesar, prometer y rededicar todo lo que desee. Pero hasta que no se disponga a transferir su sentido de seguridad e importancia a su relación con Dios, usted, como el mundo, pasará el resto de su vida tratando de volver a ganar lo que se perdió originalmente en el huerto del Edén. Usted será una persona impulsada, buscando siempre una cosa o persona para llenar un vacío en su vida que sólo su Creador puede llenar.

Comience hoy a hacer un examen de su vida, pidiéndole a Dios que le muestre las cosas y/o personas que usted ha permitido que tomen el lugar de su Creador. Piense en las preguntas que le he presentado. Escriba las cosas que le vienen a la mente. Luego, renueve su mente para que se compenetre de la verdad acerca de usted y su relación con Dios. Con el tiempo, aun sus emociones cambiarán y experimentará la libertad que originalmente Dios planeó para usted.

CAPITULO CINCO

Las atracciones que presenta Satanás

UNO DE LOS PASAJES más alarmantes de la Escritura para mí se encuentra en Efesios 6:11: "Vestíos de toda la armadura de Dios, para que podáis estar firmes contra las asechanzas del diablo." Satanás no anda alrededor al azar provocando tentaciones aquí y allá. El tiene un plan, un plan que ha puesto a prueba y perfeccionado. Sus maquinaciones dieron resultado en contra de hombres como David, Sansón, Pedro, Abraham, Jacob y otros.

Este pasaje es alarmante porque la inferencia consiste en que Satanás está dispuesto a destruir a cada creyente. Es decir, se propone destruirme a mí, a mi esposa, a mi hija y a mi hijo. El está maquinando destruirlo también a usted. Si eso es así, es de suma importancia que entendamos cómo piensa realizar sus planes, a fin de que nos preparemos para resistirlo.

Una estrategia casi infalible

Probablemente, el paralelo más cercano a la estrategia de Satanás que se encuentra en nuestra sociedad contemporánea es la estrategia que usan los medios publicitarios. Un buen publicista puede manipular sus pensamientos y emociones, al punto de hacerle creer que tiene que comprar sus productos *¡ahora mismo!* Piense en esto. Ahí está usted, viendo cualquier clase de competencia atlética en la televisión. Lo último en su mente es comprar un automóvil nuevo. Entonces pasan un anuncio de cierta clase de automóviles. Sin darse cuenta, vienen a su mente razones por las cuales sería una ventaja cambiar su coche viejo por uno nuevo. Antes de finalizar la lista de razones, el próximo anuncio comienza, y usted siente sed. Piensa en ir a buscar agua, cuando el anuncio lo tiene soñando con unas exóticas vacaciones. Antes que termine el juego, casi todas las emociones y los deseos que es capaz de sentir han sido estimulados. ¡Y sin siquiera moverse de su sillón enfrente del televisor!

En este capítulo vamos a analizar las atracciones que presenta Satanás. Entender su estrategia y aprender a reconocer sus maquinaciones es una parte importante para aprender a vencer la tentación. El proceso de la tentación, generalmente, comienza mucho antes que estemos conscientes de que algo está sucediendo. Por consiguiente, cuando nos damos cuenta de lo que nos está pasando, es casi demasiado tarde. Digo *casi*, porque en ningún punto en el proceso de la tentación perdemos nuestra habilidad de decir: "¡No!"

Un modelo para la tentación

Cada vez que tratamos de igualar el proceso de la tentación con alguna clase de fórmula o serie de pasos, existirá la tendencia de simplificar demasiado el asunto. Aunque no deseo presentar nada menos que un cuadro real de lo que está pasando, yo sé por experiencia que no todas las tentaciones caen dentro de una categoría bien definida. Lo que me propongo hacer en este capítulo es darle a usted un programa detallado de acción que usa Satanás. Cada tentación tiene sus propias circunstancias y actores. Hay, sin embargo, ciertos ingredientes que aparecen en cada situación. Son estos ingredientes básicos los que vamos a exponer.

Un buen ejemplo de lo que estoy diciendo se encuentra en el estudio de idiomas. Si alguna vez usted ha aprendido un idioma extranjero, probablemente aprendió a conjugar un verbo en particular como patrón para los otros verbos. Este verbo se llamaba ejemplo o paradigma. Al continuar su estudio, encontró que no todos los verbos seguían el patrón exacto del verbo original. Había bastante similitud, sin embargo, para ayudarle a reconocer la forma de cada nuevo verbo. En este capítulo vamos a estudiar un paradigma de la tentación.

Una posición desfavorable

Otra cosa que debemos recordar a medida que estudiamos las atracciones que nos presenta Satanás, es que nosotros no somos blancos neutrales. Cuando Adán y Eva pecaron en el huerto, toda la raza humana fue contaminada por su pecado. La decisión de Adán de desobedecer a Dios y de andar por su cuenta fue entretejida en la trama de la humanidad. Todo el mundo nace propenso a pecar. Los teólogos llaman a esto la "depravación del hombre".

Por eso usted no tiene que enseñarles a sus hijos a pecar. Ellos pueden hacerlo por sí mismos. Este mecanismo del pecado en nosotros reside en lo que la Biblia llama la "carne" (Romanos 7:18). Cuando nos convertimos en creyentes, el poder del pecado se destruye, pero la presencia del pecado permanece. Esto no quiere decir que los creyentes deban claudicar frente a los deseos pecaminosos, pero aún tendremos esos deseos de vez en cuando. Hablaremos sobre esto con más detalles en un capítulo posterior. Basta con decir ahora que cuando somos tentados, estamos en una posición desfavorable, porque luchamos con la presencia del pecado.

La meta de Satanás

La meta de corto alcance de Satanás en el proceso de la tentación es conseguir que nosotros satisfagamos las necesidades y deseos dados por Dios en formas que están fuera de los límites que Dios nos ha fijado. Todos nuestros deseos básicos vienen de Dios. La mayor parte de ellos reflejan la imagen de Dios en nosotros. Por ejemplo, el deseo de amor, aceptación, respeto y deseos que reflejan éxito, los encontramos en Dios a través de toda las Escrituras. Sólo cuando éstos se distorsionan se convierten en características negativas. Y así Satanás se dispone a tornar nuestros deseos de ser amados en codicia, nuestro deseo de ser aceptado y respetado en orgullo, y nuestro deseo de éxito en ambición.

Dios nos dio otros deseos y necesidades para demostrar nuestra dependencia de él y para mejorar nuestra relación los unos con los otros. Nuestra necesidad de alimentos y el deseo del sexo son dos ejemplos. No hay nada malo en comer (obviamente). Pero de nuevo, Satanás toma esta necesidad natural dada por Dios y la distorsiona. Como resultado, alguna gente destruye su cuerpo por comer demasiado o por comer las cosas que no debe; otros pasan hambre por temor a la gordura.

De todos los dones que Dios dio a la humanidad, probablemente el sexo es el que Satanás más distorsiona y abusa. El sexo fue dado a la humanidad para hacer posible una relación única entre un hombre y una mujer. El deseo viene de Dios. La filosofía concerniente al sexo hoy en día viene de Satanás. Dios dice: "Un hombre para una mujer para toda la vida." Satanás dice: "Cualquier hombre para cualquier mujer hasta que esté listo para alguien más." Dios dice: "El sexo es para ser parte de la relación matrimonial." Satanás dice: "El sexo es la relación." Dios no está en contra del sexo como tampoco está en contra del alimento, amor o éxito. Pero él está en contra del cumplimiento de ese deseo, o de cualquier deseo, fuera de los límites que con amor y sabiduría ha fijado.

"Las cosas en el mundo"

El apóstol Juan, en su primera epístola, agrupó todas las falsedades de Satanás en tres categorías. El escribió:

No améis al mundo, ni las cosas que están en el mundo.
Si alguno ama al mundo, el amor del Padre no está en él.
Porque todo lo que está en el mundo, *los deseos de la carne,*

los deseos de los ojos, y la vanidad de la vida, no proviene del Padre, sino del mundo.

1 Juan 2:15, 16 (cursivas añadidas)

Cada vez que somos tentados, somos tentados a través de una de estas avenidas. Los deseos de la carne representan nuestros apetitos, nuestros deseos, nuestra hambre. El deseo de los ojos incluye aquellas cosas que vemos que despiertan nuestros diferentes apetitos y deseos. La vanidad de la vida se refiere a cualquier cosa que promueve o eleva un sentido de independencia de Dios, cualquier cosa que nos hace pensar que podemos proceder por nuestra cuenta, vivir nuestra propia clase de vida, hacer lo que queremos. En los tres casos, podemos ver que éstas son simplemente falsificaciones de algunos de los dones más preciosos de Dios para nosotros.

Ahora volvamos a Génesis 3 y observemos cómo Satanás usó estas tres avenidas para engañar a Eva. Mantenga en la mente que estamos buscando la estrategia de Satanás, los métodos que él usa para conseguir que las personas satisfagan las necesidades dadas por Dios en formas que están fuera de los límites que Dios ha establecido.

La tentación de Eva

La narración de la tentación de Eva comienza con Satanás haciendo dudar a Eva de Dios (Génesis 3:1-5). Muchas veces, ésta es una gran parte del proceso de la tentación. Por ahora, sin embargo, yo quiero pasar por alto este aspecto particular de la tentación e ir al intento de Satanás de falsificar las necesidades y deseos dados por Dios a Eva.

Entonces la serpiente dijo a la mujer: No moriréis; sino que sabe Dios que el día que comáis de él, serán abiertos vuestros ojos, y seréis como Dios, sabiendo el bien y el mal. Y vio la mujer que el árbol era bueno para comer y que era agradable a los ojos, y árbol codiciable para alcanzar la sabiduría; y tomó de su fruto, y comió; y dio también a su marido, el cual comió así como ella.

Génesis 3:4-6

Primero Satanás escogió llamar la atención al orgullo de Eva. Note su primera oferta: ". . . serán abiertos vuestros ojos." Satanás ofreció iluminación, conocimiento y entendimiento. "Ciertamente no puede haber nada de malo en esas cosas", puede haber pensado Eva. "Si Dios siempre nos está enseñando nuevas cosas, ¿cómo nos va a culpar por desear conocer algunas cosas por nuestra cuenta?"

Lo próximo que le ofreció Satanás fue poder y autoridad. "Y seréis como Dios." "Bueno, no hay nada de malo en eso", pudo haber pensado Eva. "Dios quiere que tengamos autoridad. El puso todo este huerto bajo nuestro cuidado." Ciertamente, ella pudo haber tenido razón. Pero otra vez Satanás estaba empujando un deseo dado por Dios más allá del límite.

No había nada de malo en desear crecer en conocimiento y entendimiento. El mismo deseo ha impulsado a ingenieros y a científicos durante décadas. La curiosidad insaciable del hombre y el deseo de conocimiento produjeron la computadora que yo uso para escribir como también el papel sobre el cual este libro está escrito. Del mismo modo, no había nada malo en el deseo de Eva de autoridad y poder. Ese también es dado por Dios. Esto está claro porque Dios promete ambos como recompensa a aquellos que son fieles a él en esta vida (Mateo 20:23-28; Apocalipsis 20:4). Pero cuando todo esto se practica aparte de la dirección de Dios, se vuelve destructivo y erróneo.

"Bueno para comer"

Después de interesar a Eva a través de su orgullo, Satanás usó su apetito, como lo dice Juan, sus "deseos de la carne". "Y vio la mujer que el árbol era bueno para *comer.*" De nuevo podemos oír a Eva argumentando: "Bueno, si Dios no deseaba que yo lo comiera, ¡él no lo hubiera hecho comestible! ¿Por qué me da un apetito para comer y luego crea alimento que no puedo comer?" Esto me suena lógico a mí, y también tiene que haberle sonado a ella.

Después, Satanás usa el "deseo de los ojos": "Y vio la mujer que el árbol era bueno para comer, y que era *agradable a los ojos.*" Realmente nosotros no sabemos qué fruta era. Generalmente pensamos que era una manzana cuando oímos esta historia. Pero eso es pura conjetura. Lo que fuera, tiene que haber sido de ese árbol particular y extremadamente apetitoso a la vista. El sólo mirarlo hizo que Eva lo deseara.

Podemos ser tentados a preguntar: "¿Es eso un pecado? ¿No puso Dios en el cuerpo de Eva el mecanismo que enviara una señal a su cerebro de 'tómalo y cómelo' al ver el alimento apetitoso?" Por supuesto que sí. Nosotros tenemos alimentos y aun cuadros de alimento que nos hacen sentir hambre. No hay nada malo en eso. El problema no fue el apetito de Eva; fue la manera que ella escogió para satisfacer su apetito.

"Pero, ¿por qué me sentiría así si Dios . . . ?"

Cada semana alguien viene a mi oficina con una historia que termina: "Si Dios no desea que yo_____, entonces ¿por qué me siento como me siento?" O: "¿Por qué Dios me daría un deseo tan fuerte de_____ si él no quiere que yo lo satisfaga?" Estos argumentos se oyen convincentes. ¿Qué clase de Dios les da a sus criaturas deseos que no les permite satisfacer? Pero esta gente está formulando la pregunta incorrecta. No es: *"¿Por qué* Dios no me deja satisfacer mis deseos?" Debiera ser: *"¿Cuándo* en el tiempo perfecto de Dios puedo satisfacer mis deseos?" O: "*¿Cómo* preferiría Dios que yo satisficiera mis deseos?"

Una pareja vino a mi oficina algunos años atrás para consejo prenupcial. Cuando comenzamos a hablar, me dio la impresión que había algo que ellos no me estaban diciendo. Yo me volví al joven y le pregunté: —¿Han estado ustedes durmiendo juntos?

El la miró rápidamente a ella y luego me miró a mí. Eso me dijo todo lo que yo necesitaba saber. Antes que él pudiera contestar, su futura esposa exclamó: —Nosotros nos amamos.

Mientras seguimos hablando, ambos defendieron sus acciones explicando lo fuerte que eran sus atracciones el uno hacia el otro. —Dios entiende. El nos permitió sentirnos así.

Entonces formulé una pregunta que los dejó mudos. Me volví al joven y le pregunté: —¿Qué vas a hacer cuando te encuentres una mujer en el trabajo hacia quien te sientes fuertemente atraído físicamente? ¿Vas a usar la misma razón? "Si Dios no deseara que yo satisficiera esta necesidad, él no me hubiera permitido sentirme así."

Nosotros olvidamos que aunque Dios nos dio la capacidad de

sentir y desear ciertas cosas, Satanás tiene la habilidad de manipular y dirigir mal esos sentimientos y deseos. Esa es la esencia de la tentación. El llamado que Satanás nos hace a usted y a mí es de satisfacer las necesidades dadas por Dios y llenar los deseos dados por Dios en la forma más rápida y menos dolorosa.

Tomando la salida más fácil

Un viejo amigo mío entró en mi oficina una tarde y me dijo:
—Charles, necesito hablar con usted.

Yo le dije a mi secretaria que no me pasara más llamadas, puse a un lado lo que estaba haciendo, y comencé a escuchar. Me dijo:
—Pastor, usted sabe que mi negocio ha estado estable. Nada extraordinario, pero está creciendo.

Jaime había comenzado su propia imprenta unos años atrás. En efecto le había ido bastante bien. Había contribuido fielmente a la iglesia y también a otros ministerios.

—Bueno, la semana pasada un hombre vino a verme y ofreció comprarme el negocio. Si lo vendo, él me deja como presidente y aumenta mi salario. Eso quiere decir que puedo quedarme en el trabajo que me gusta sin la preocupación de ser dueño de mi propio negocio.

—¿Cuál es el problema? —le pregunté.

—Si lo vendo —me dijo—, ya no tendré control de lo que se imprime. No sólo eso, no podré ofrendar de acuerdo a la entrada bruta del negocio. En realidad, mis donaciones serán cortadas a cierto porcentaje de mi salario.

Mientras hablamos, comencé a ver la lucha de Jaime con un poco más de claridad. Como sucede con la mayoría de los hombres, la tentación por más dinero le atraía fuertemente. Eso, aunado a la esperanza de menos presión y responsabilidad, hacía ver ridículo pensar en rechazar la oferta del hombre. Además, no hay nada malo con ganar más dinero; y ciertamente no hay nada malo con aliviar la presión en el trabajo.

Sin embargo, mientras hablamos, Jaime se dio cuenta de que lo que perdería al vender su compañía era mayor que lo que ganaría. En su corazón, él sabía que Dios lo guió a comenzar su compañía y que Dios lo había guiado en cada paso. —Esto sería lo más fácil de hacer —dijo él—, pero no lo correcto.

Jaime estaba convencido de que necesitaba hacer algo referente a la presión bajo la cual estaba. Pero la venta de su negocio no era el plan de Dios para suplir esa necesidad. El decidió mantener su compañía y esperar que Dios proveyera otra solución al problema de la presión.

En los meses siguientes, Jaime pudo reestructurar su compañía en tal forma que casi toda la presión de día a día fue dividida entre muchos de sus empleados. El comenzó a disfrutar de lo que hacía más que nunca. Desde ese tiempo, su negocio ha aumentado al doble.

Todo es realmente lo mismo

Ya sea una situación de largo plazo como la de Jaime o simplemente una oportunidad para salir de una caja registradora con demasiado cambio, cada tentación es simplemente una alternativa de satisfacer a su manera, y no según Dios, las necesidades dadas por Dios. He aquí como funciona. Satanás usa sus circunstancias para estimular algún deseo, ya sea deseo de dinero, sexo o aceptación. Entonces comienza a trabajar en sus emociones. Cuando sus emociones lo han convencido de que tiene que tener lo que sea, su mente entra en acción. Pronto usted se encuentra trabajando en un plan para satisfacer sus necesidades con tan pocas consecuencias como sea posible. Luego, en un instante, se decide y nada lo detiene.

No importa si el problema es la chismografía, los celos, la ira, los juegos de azar, la mentira o la lascivia; todo realmente tiene el mismo patrón de acción. Satanás no ha cambiado su estrategia desde que tentó a Adán y a Eva en el Edén. El no necesita hacerlo. Si tuvo resultado con dos personas perfectas en un ambiente perfecto con una relación perfecta con Dios, piense cuánto más resultado tendrá con nosotros, especialmente si no estamos conscientes de lo que está pasando, y no hemos hecho provisión para detenerlo.

Haga una pausa y piense por un minuto. ¿Con qué tentación lucha usted más? ¿Cuál vino a su mente cuando yo formulé esta pregunta al comenzar el primer capítulo? ¿Puede ver como en una o en otra forma su experiencia se acomoda al patrón? Demos otro paso más adelante. ¿Qué necesidad o necesidades dadas por Dios está usted siendo tentado a satisfacer fuera de los límites establecidos por Dios? ¿Es el deseo de ser amado? ¿El deseo de ser abrazado? ¿El deseo de ser aceptado? ¿Cuál es? Antes de seguir adelante, tiene que saber la respuesta a esta pregunta.

Una y otra vez he hablado con gente que estaba luchando con alguna clase de tentación, pero no tenía idea por qué estaba haciendo lo que hacía. Se sentía impulsada. Sabía que su pecado no le daba descanso duradero o satisfacción, sin embargo, continuaba. Una buena ilustración es un hombre que conocí que era extremadamente avaro. Dicho en otras palabras, cada vez que había una oportunidad de dar, ¡él era tentado a no dar! Ofrecía toda clase de excusas, ninguna de las cuales era muy convincente.

Mientras hablábamos, fue evidente que lo que realmente deseaba era seguridad financiera. El había crecido sin nada y vivía con un temor excesivo a la pobreza. Por años había sido avaro y aún no sabía el porqué. Pero cuando se dio cuenta de que éste era su problema y que la Escritura claramente enseña que lo que retenemos disminuye y lo que desatamos se multiplica, su actitud comenzó a cambiar.

¿Afanosos por nada?

Dios no espera que usted viva una vida llena de desaliento y ansiedad. Todo lo contrario, Satanás es el que desea que su vida esté llena de ansiedad. Por eso es que él siempre está presto a ofrecer un sustituto por lo mejor que tiene Dios. El sabe que su oferta no satisface. El sabe también que si él puede cazarlo en su alternativa, muchas veces usted perderá lo mejor de Dios.

Cuando pienso en la multitud de jóvenes adolescentes que han comprometido su moral por ser abrazadas, destroza mi corazón. Ellas no necesitaban a alguien sólo para abrazarlas. Ellas necesitaban a alguien que las amara incondicionalmente. Muchas nunca conocerán esa clase de amor simplemente porque no pueden o no quieren abandonar los sustitutos que Satanás ha puesto en su camino.

Miles de hombres y jóvenes adolescentes en este país son adictos a la pornografía. Para la mayoría de ellos, todo comenzó aceptando un sustituto de Satanás. Ahora la relación que realmente necesitan está más allá de su alcance en la mayoría de los casos.

Día tras día disminuye su habilidad de pensar acerca del sexo y las mujeres en la forma en que Dios lo dispuso.

Los alcohólicos y drogadictos, que llenan nuestras calles y ocupan posiciones de importancia, son otro testimonio de la falta de disposición del hombre de esperar lo mejor que Dios tiene para él. Sea como fuere, estos hombres y mujeres escogen enfrentarse con las presiones de la vida huyendo. Parece una forma fácil y rápida de resolver la situación. Sin embargo, este comportamiento no resuelve ninguno de los problemas de la vida. Simplemente posterga la solución. Y para muchos, las presiones que los arrastraron a su vicio fueron las mismas presiones que Dios estaba tratando de usar para llevarlos a sí mismo. Pero ellos escogieron el camino fácil, el camino rápido, el camino de menor resistencia, el camino de la destrucción.

Dios no desea que usted viva una vida de frustración y ansiedad. Si así fuera, él nunca hubiera podido inspirar al apóstol Pablo a escribir estas palabras:

> Por nada estéis afanosos, sino sean conocidas vuestras peticiones delante de Dios en toda oración y ruego, con acción de gracias. Y la paz de Dios, que sobrepasa todo entendimiento, guardará vuestros corazones y vuestros pensamientos en Cristo Jesús.
>
> Filipenses 4:6, 7

Lo interesante acerca de este pasaje es que Dios no promete darle lo que usted le pide; él no promete satisfacer sus necesidades inmediatamente. Lo que él promete es "la paz de Dios", o sea, la fortaleza interior para soportar hasta que sus deseos y necesidades sean satisfechos. Sobrepasará "todo entendimiento" porque el mundo lo mirará a usted y dirá: "¿Cómo puede usted estar sin_____? ¿Cómo puede vivir sin_____?" Desde la perspectiva del mundo, no tiene lógica.

Mi hijo tenía treinta años cuando se casó. Sus amigos incrédulos le preguntaban: —Andy, ¿qué haces tú en cuanto al sexo?

El respondía: —Yo espero.

Eso era sorprendente de acuerdo a la mentalidad de ellos. No podían imaginarse a un hombre "tan mayor" y que no tuviera relaciones sexuales. La ironía era que el estaba mucho menos frustrado que ellos. Y siempre será así para aquellos que esperan en Dios para satisfacer sus necesidades de acuerdo con él.

Dios no promete satisfacer sus necesidades inmediatamente. Pero él sí promete la fuerza interior que usted necesita para continuar mientras tanto. Optando por su paz más bien que el sustituto de Satanás, puede estar seguro de que cuando llegue la hora para que Dios satisfaga sus necesidades particulares, usted estará listo.

Este principio se aplica a todo, desde conocer a la persona con quien se casará hasta conseguir el dinero que necesita para pagar la renta. Dios sabe sus necesidades; él conoce sus deseos. Jesús dijo:

> Pues si vosotros, siendo malos, sabéis dar buenas dádivas
> a vuestros hijos, ¿cuánto más vuestro Padre que está en
> los cielos dará buenas cosas a los que le pidan?
>
> Mateo 7:11

¡Qué promesa increíble! ¡Qué Dios increíble!

Paz a un precio

En todos mis años como pastor nunca conocí a una persona que esperó en Dios y lo lamentó. Sin embargo, la mayoría de las personas que vienen a mi oficina por consejo, o a las oficinas de asesoramiento de nuestra iglesia, tienen problemas que surgieron en algún instante de sus vidas cuando aceptaron el sustituto que les ofreció Satanás. La historia siempre es la misma. Las cosas marchaban bien por un tiempo, pero antes que pasara mucho tiempo, se volvieron intranquilos. Muchos hicieron la paz con Dios. Algunos todavía se debaten en medio del trabajo, matrimonios, amantes y tabernas. No obstante, saben en su corazón que nunca hallarán lo que buscan hasta que se rindan a Aquel que sostiene a todos en sus manos.

¿Qué es lo que usted en realidad necesita? ¿Cómo lo ha engañado Satanás a pensar que necesita algo? ¿Está dispuesto a esperar y confiar en Dios para que satisfaga sus necesidades como él quiere? Si es así, usted también puede experimentar la paz que sobrepasa todo entendimiento.

Los capítulos que restan de este libro están diseñados para

ayudarlo a luchar con los intentos de Satanás de arrastrarlo al pecado que usted ha luchado para vencer. Puede ser que encuentre que unos lo ayudan más que otros. Dependiendo de la naturaleza de su pecado particular, es posible que necesite leer ciertas secciones más de una vez. Cualquiera que sea su caso, no se desanime. Puede obtener la paz si le confía a Dios sus luchas. Pídale que le levante la carga e inunde su corazón con la paz que él le ha prometido.

PARTE II

DESARROLLANDO
LA DEFENSA PROPIA

CAPITULO SEIS

Nuestro gran Defensor

UN INDIVIDUO SABIO se prepara para aquellas cosas que son inevitables en la vida. La tentación es una de esas cosas inevitables. No hace mucho tiempo vi una placa que lo resumía de esta manera:

LA OPORTUNIDAD SOLO TOCA EL TIMBRE UNA VEZ,
LA TENTACION LO TOCA CONSTANTEMENTE.

Quien haya dicho esto ciertamente tuvo una visión amplia. En esta vida siempre estaremos a corta distancia de la tentación. Como hemos visto, la Escritura enseña que la tentación es común a todos los hombres y mujeres en todas partes. Puesto que es así, debemos estar preparados.

Un general cuya tarea es defender una ciudad contra un ataque, no espera hasta que la ciudad haya sido sitiada para planear su defensa. Un general prudente planea su estrategia de defensa aun mucho antes que se presente la amenaza de ataque.

"¿Cómo atacará el enemigo? ¿Desde qué lugar se acercará? ¿Cuáles son nuestros puntos débiles?" Estas son algunas de las preguntas que un general debe formularse cuando prepara su defensa. De igual manera, los creyentes deben planear, con anticipación, su defensa en contra de la tentación.

En estos próximos capítulos vamos a considerar a fondo cómo se puede desarrollar la autodefensa. Paso por paso voy a explicar qué quiere Dios que hagamos para prepararnos para combatir la tentación. Este capítulo y el siguiente enfocarán principalmente la parte de Dios, o sea, la provisión que él ha hecho posible para que nosotros combatamos la tentación. Los otros capítulos en esta sección recalcarán nuestro papel. Cada etapa de esta estrategia de defensa es fundamental. Puede ser que necesite leer algunos de los capítulos varias veces, pero mantenga en la mente que simplemente leer este libro no lo ayudará en la lucha contra la tentación. Usted tiene que aplicar estos principios para lograr un cambio en su vida.

Dios, nuestro Defensor

Como hemos visto en capítulos anteriores, Dios no nos ha abandonado aquí en la tierra para luchar a través de la vida por nuestra cuenta, ni tampoco él espera que llevemos solos la carga de la tentación. Una de las verdades más emocionantes que asoman en un estudio de la tentación es que Dios está íntimamente involucrado en la vida de cada creyente. Esto se hará más aparente mientras enfocamos la parte que él desempeña en nuestra defensa contra la tentación.

Cuando escribió a la iglesia de Corinto, el apóstol Pablo les dio a los creyentes allí una advertencia y una promesa concernientes a la tentación. En su promesa hay dos principios que nos dan alguna iluminación en la participación de Dios en nuestra defensa contra la tentación. El dijo:

> Así que, el que piensa estar firme, mire que no caiga. No os ha sobrevenido ninguna tentación que no sea humana; pero fiel es Dios, que no os dejará ser tentados más de lo que podéis resistir, sino que dará también juntamente con la tentación la salida, para que podáis soportar.
>
> 1 Corintios 10:12, 13

Límites para nuestro bien

El primer principio que aparece en ese pasaje es éste: *Dios ha puesto un límite en lo que respecta a la intensidad de cada tentación.* Dios lo conoce a usted perfectamente, por dentro y por fuera. De acuerdo a su conocimiento perfecto, él ha fijado un límite en cuanto a la intensidad de las tentaciones que usted enfrentará. El sabe cuánto puede soportar; él conoce su límite de resistencia. A pesar de la naturaleza de su tentación, sea en la esfera de las finanzas, el sexo, la ira, los chismes, Dios conoce sus limitaciones. El promete mantener vigilancia sobre las presiones que Satanás trae en contra de usted.

La Escritura presenta varios ejemplo de esto. Uno de los más dramáticos se encuentra en Lucas cuando los discípulos se reunieron con Cristo para la última cena pascual. En cierto momento, Jesús se volvió a Pedro y le dijo:

> Simón, Simón, he aquí Satanás os ha pedido para zaran-
> dearos como a trigo; pero yo he rogado por ti, que tu fe
> no falte; y tú, una vez vuelto, confirma a tus hermanos.
> Lucas 22:31, 32

Un punto significativo en este pasaje es que Satanás tiene que conseguir "permiso" para tentar a Pedro. Esto, sin embargo, de ninguna manera niega el hecho de que Dios determina si Satanás tendría la oportunidad de tentar a Pedro en la forma que lo hizo. Antes que Satanás pudiera tentar a Pedro, primero tenía que consultarlo con Dios.

De la misma manera, Dios determina hasta dónde Satanás puede tentarnos. Nosotros no estamos a la merced del diablo. Satanás, como todas las criaturas, está bajo la autoridad de Dios. Generalmente no pensamos de él en esta forma. Cuando hablamos de tentación, a veces igualamos a Satanás con Dios. Los vemos como dos poderes gigantes batallando por adueñarse del universo. La batalla por el universo, sin embargo, terminó hace mucho tiempo. Ahora, la batalla es por poseer y corromper las vidas de los hombres.

El hecho que Dios haya puesto limitaciones a las tentaciones nos asegura tres cosas. Primero, nunca seremos tentados más de lo que podemos resistir; ¡nunca! No en nuestros momentos de más debilidad, ni aun cuando somos tentados en nuestras esferas más débiles. Segundo, Dios participa en nuestra lucha contra la tentación. El no nos está observando a la distancia. El está aquí actuando como Juez en toda la situación. Tercero, Dios es fiel, se puede confiar en él. Aun en nuestra hora más tenebrosa de tentación, Dios no nos ha dado las espaldas. No importa cómo respondamos, Dios permanece fiel. Tanto en nuestras victorias como en nuestras derrotas, él continúa vigilando al enemigo.

Para edificar un sistema de defensa eficaz, usted tiene que aceptar esta simple premisa. Rechazarla o simplemente olvidarla es abrir la puerta a toda clase de excusas: "No lo puedo evitar." "El diablo me obligó a hacerlo." "No hubo forma para mí de decir no." Mientras crea que está a merced del diablo en cuanto a la tentación se refiere, nunca alcanzará la victoria porque nunca hará más que un intento a medias. Después de todo, ¿por qué luchar si la tentación es intolerable?

Imagínese una ciudad cuyos ciudadanos se convencieron de que no importaba las medidas que tomaran, los enemigos finalmente derribarían sus murallas. ¿Qué métodos de defensa piensa usted que adoptarían ellos? Probablemente muy pocos o ninguno. ¿Por qué perder el tiempo? Probablemente se rendirían sin luchar.

Satanás ha convencido a muchos creyentes de que es una pérdida de tiempo tratar de resistir la tentación. Ellos creen que es asunto de tiempo y caerán. ¿Por qué frustrarse luchando si el fracaso es inevitable? Así que se rinden sin luchar.

Esa actitud se puede desarrollar si usted no acepta el hecho de que *Dios establece un límite en lo que respecta a la intensidad de su tentación*. A pesar de su experiencia pasada, tiene que aceptar por fe que Dios no le permitirá ser tentado más de lo que usted puede resistir. Piense en esto. Desde que es creyente, cada tentación que ha enfrentado hasta ahora pudo haberla vencido. Lo mismo se puede decir de las tentaciones que enfrente de ahora en adelante. No importa lo difícil que le sea comprender todo esto, tiene que aceptar esta proposición si va a edificar una defensa eficaz contra el enemigo.

La salida

El segundo principio que usted tiene que aceptar si va a desarrollar una defensa eficaz contra la tentación es éste: *Para cada tentación, Dios ha planeado una salida*. Aunque la situación parezca sin esperanza al presente, hay una forma de evitar la caída. Pablo escribe:

> No os ha sobrevenido ninguna tentación que no sea humana; pero fiel es Dios, que no os dejará ser tentados más de lo que podéis resistir, sino que dará *también* juntamente con la tentación *la salida*, para que podáis soportar.
>
> 1 Corintios 10:13 (cursivas añadidas)

Alguien puede que diga: "¡Yo sé la tentación que voy a enfrentar mañana!" Si ése es el caso, entonces puede descansar seguro de que Dios ha provisto la salida. Note el paralelismo de las ideas de Pablo: ". . . *con* la tentación dará también la salida." Cada tentación viene acompañada de una salida. Siempre hay una acción alternativa.

Mucha gente vive o trabaja en situaciones donde es tentada a pecar constantemente. Dios es fiel aun en esas situaciones. El siempre proveerá una salida.

Una muchacha en nuestra confraternidad creció en tal ambiente. La llamaré Mirta. La naturaleza de su familia era tal que ella y su hermana constantemente eran tentadas a rebelarse de la peor manera. A sus padres les advirtieron sus amigos y vecinos que estaban echando fuera de su casa a sus hijas.

Finalmente, la hermana de Mirta se fugó de la casa y se casó. Su decisión de casarse fue más un esfuerzo por escaparse que un acto de amor. Mirta, por otro lado, soportó a través de la escuela superior y la universidad. Tengo que admitir que aun yo me sorprendí de su habilidad de luchar con la situación en su hogar. Se enamoró de un joven cristiano muy bueno, y yo tuve la oportunidad de casarlos.

Durante una de nuestras reuniones de consejo premarital, surgió el tema de su hogar. Con mucho tacto yo le expresé mi admiración por su habilidad de haber manejado las cosas como ella lo había hecho. Ella sonrió y me dijo: —A veces uno tiene que hacer lo que le mandan, y cuando no lo puede hacer, debe buscar otras alternativas.

—¿Alguna vez tuviste deseos de rebelarte? —le pregunté.

—Siempre —me respondió—. Hubo días cuando creía que no podría soportar un minuto más. En esas circunstancias aprendí que si me detenía, respiraba profundamente y pensaba por un minuto, siempre había otra forma diferente de resolver la situación y evitar una reacción violenta.

Mirta aprendió que *aun cuando no podamos escapar una situación, Dios siempre provee la salida a la tentación.*

Nuestro problema puede ser que no nos molestamos en buscar la salida provista por Dios. Damos por sentado que la situación no tiene remedio y obedecemos lo que nuestra carne nos dice. Y si somos sinceros, admitiremos que a veces no buscamos la manera de Dios de escapar porque realmente no deseamos escapar. Si ése es su problema, usted necesita volver y leer otra vez los primeros tres capítulos de este libro. Todavía no tiene la visión completa referente al pecado.

Por otro lado, si usted sinceramente desea escapar a la tentación y sabe que va a enfrentar una tentación en particular, pídale a Dios que le revele la manera de salir de ella. Recuerde, un buen general no espera hasta que haya comenzado la batalla para planear su estrategia. El piensa de antemano.

Conozco a un pastor en otra ciudad que tenía problemas con una mujer en su iglesia a quien llamaré Sara. Ella, evidentemente, estaba interesada en otro tipo de relación que la que existe entre el pastor y un miembro de su iglesia. El pastor hacía todo lo que podía para eludir situaciones incómodas. La única situación que parecía no encontrar cómo resolver ocurría después de cada servicio del domingo en la mañana. Sara se paraba en fila con los demás miembros para saludarlo, y siempre le daba un abrazo apretado y prolongado. Semana tras semana, él sabía lo que venía, y aún no podía hallar una manera de evadirla sin hacer un espectáculo. Entonces, una mañana el pastor tuvo una idea. Cuando era el turno de Sara en la fila, él tomó a un niñito en sus brazos. Teniendo al niño en sus brazos, con su mano libre saludó a Sara. Desde entonces, cuando el pastor la veía venir, el Señor fue fiel en proveerle una "salida". Siempre había un niñito cerca.

Después de algunas semanas, Sara entendió el mensaje y ya no lo volvió a molestar en esa forma.

Dios será fiel en proveer una salida, pero usted tiene que ser fiel en buscarla. Y cuando la identifique, aprovéchese de ella.

"Líbranos del mal"

Antes de seguir adelante, deseo señalar lo que 1 Corintios 10:13 *no* dice. No dice que Dios va a quitar la tentación. Dios no proveerá una forma de evitar ser tentado. (Pudiéramos pensar que él lo haría, pero las cosas no son así.) La clave de este versículo es que Dios proveerá una alternativa en el curso de acción. El deseo final de Dios para nosotros no es que debemos ser librados de la tentación, sino que seamos librados a través de la tentación. Note cómo termina el versículo:

. . . sino que dará también juntamente con la tentación la salida, *para que podáis soportar.*

El deseo de Dios para nosotros es que podamos soportar o aguantar la tentación.

Cuando Jesús estaba orando en el huerto de Getsemaní antes de su arresto, dijo:

Yo les he dado tu palabra; y el mundo los aborreció, porque no son del mundo, como tampoco yo soy del mundo. No ruego que los quites del mundo, sino que los guardes del mal.

Juan 17:14, 15

Jesús específicamente mencionó que no era su deseo que los discípulos fueran quitados del mundo y por consiguiente evadir toda tentación. Deseaba que ellos permanecieran en el mundo, pero que al mismo tiempo fueran protegidos del malo, de Satanás. En otras palabras: "Dales poder para vencer los ataques violentos del diablo." Parte de la respuesta de Dios a la oración de su Hijo es "la salida".

Yo recalco este punto en vista de nuestra tendencia de sentir como si Dios de alguna manera nos abandona cuando somos tentados. "Dios, si realmente me amas, si verdaderamente te interesas por mí, ¿por qué permites que sea tentado de esta manera?" Pero en ningún lugar Dios promete estructurar nuestra vida de tal manera como para evadir toda tentación. Sin embargo, él limita nuestras tentaciones y provee una salida.

Promesas y más promesas

En este capítulo nos hemos concentrado en la primera parte de la disposición de Dios para nuestra defensa contra la tentación. Dios mantiene vigilancia sobre Satanás cuando éste nos tienta. El no permitirá que seamos tentados más de lo que podamos resistir. Segundo, con cada tentación Dios provee una salida. Es nuestra responsabilidad buscarla y aprovecharnos de ella.

La asombrosa consecuencia de ambos principios es que Dios está íntimamente implicado en nuestra vida. El está consciente de cada tentación que enfrentamos. Antes de seguir leyendo, deténgase y conteste estas dos preguntas:

1. ¿Creo yo realmente que Dios sólo me permite ser tentado dentro de los límites que él sabe que puedo resistir?

2. ¿Creo yo realmente que Dios provee una salida para cada tentación?

Si usted tiene dificultad en aceptar estas dos proposiciones, por favor, tómese tiempo para meditar en 1 Corintios 10:13. Pídale a Dios que haga este versículo una realidad para usted. Piense en algunas de sus experiencias que hacen que este versículo sea tan increíble. Pídale a Dios que le ayude a interpretar sus experiencias desde la perspectiva divina. En el próximo capítulo miraremos a dos maneras más en que Dios se ha comprometido a ayudarnos a desarrollar una defensa contra la tentación.

CAPITULO SIETE

El poder de su fuerza

HAY UN TERCER aspecto de la participación de Dios en nuestra tentación. El limita nuestra tentación y provee la salida, y *también nos provee el poder para vencer.* De todos los conceptos discutidos en este libro, éste es el más difícil de explicar. El término *poder* produce algo intangible en nuestra discusión. El poder no es algo que se puede ver, es algo que se aplica. Después de aplicar el poder a una situación, uno puede ver los resultados del poder; sin embargo, el poder mismo permanece tan ilusorio como antes.

El viento nos proporciona un buen ejemplo para tratar de explicar este concepto. Usted no puede ver el viento. No obstante puede ver el resultado del viento. Si ha viajado por una zona inmediatamente después de un huracán o tornado, sabe de lo que le hablo. Un tornado azotó el vecindario de una familia de nuestra iglesia hace algunos años. El viento voló el techo de su casa y rompió todas las ventanas. El enorme árbol de magnolia del jardín fue arrancado de raíces, y ¡nunca encontraron siquiera sus huellas! Cada vez que veo el lugar donde estaba el árbol no dejo de preguntarme adónde iría a parar. Tal es la naturaleza del poder. Raras veces visto, pero siempre sentido.

Necesitamos mantener en la mente tres cosas acerca del poder. Me referiré a ellas como las "leyes del poder". Primero, *el poder determina la posibilidad*. El peso posible que un levantador de pesas puede levantar está limitado por su fuerza. Ciertamente su actitud es importante, pero aun una buena actitud no compensa la falta de fuerza. Nuestra posibilidad para lograr cualquier tarea en particular, ya sea mover algo pesado o decir no a la tentación, se determina por el poder que poseemos o al que tenemos acceso. El poder determina la posibilidad.

Segundo, *el poder tiene que ser disciplinado y aplicado hacia una meta específica antes de cumplir cualquier meta*. El poder en y por sí mismo no sirve. Su valor descansa en su aplicación. Poner una sierra a la base de un árbol no logra nada. No puede haber duda en la mente de cualquiera que existe la posibilidad de cortar el árbol. Nada se logrará, sin embargo, hasta que alguien venga y aplique el poder de la sierra al árbol.

Tercero, *el poder, enfocado y utilizado puede extender las posibilidades del que lo tiene en sus manos*. Cuando los individuos tienen acceso a una fuente de poder más allá de lo que ellos mismos poseen, hay un sentido en que ese poder viene a ser de ellos. Aunque al mismo tiempo existe una diferencia. Las posibilidades de aquel a quien se le ha dado control mejoran grandemente. Si usted le preguntara a un hombre con una sierra en la mano si puede cortar un árbol en diez minutos, probablemente él respondería: "¡Claro que sí!" El sabe que con el poder que le da la sierra puede cortar el árbol. El no quiere decir que puede cortar el árbol con sus manos. El poder viene a ser una extensión del que lo controla y dirige.

La promesa de poder

Manteniendo todo esto en la mente, piense en los significados de este pasaje:

Por lo demás, hermanos míos, fortaleceos en el Señor, y en el poder de su fuerza. Vestíos de toda la armadura de

Dios, para que podáis estar firmes contra las asechanzas
del diablo.

Efesios 6:10, 11

Esos dos versículos tuvieron dos puntos muy importantes para
la iglesia de Efeso, y todavía tienen significado para nosotros.
Primero, un poder estaba disponible para los creyentes de Efeso
que no era de ellos. Pablo exhortó a los efesios a que fueran fuertes
en el poder de "su" fuerza. Segundo, cuando el poder era utilizado
y enfocado propiamente, los creyentes podrían permanecer firmes
contra las asechanzas del diablo.

Pablo señala lo mismo en Romanos al escribir:

Así que, hermanos, deudores somos, no a la carne, para
que vivamos conforme a la carne.

Romanos 8:12

Poniéndolo de otra forma: "Hermanos, ustedes tienen el *poder* de
decir no a sus deseos carnales." En el mismo libro él dice:

Porque el pecado no se enseñoreará de vosotros; pues no
estáis bajo la ley, sino bajo la gracia.

Romanos 6:14

En esos versículos Pablo estaba enseñando algo realmente
sorprendente, especialmente en la luz de la manera en que los
creyentes a menudo viven. La verdad que Pablo decía se puede
explicar de esta forma: *Los creyentes tienen un poder más grande que
el del diablo, la carne o el pecado.* ¡Los creyentes tienen el poder de
decir no al diablo, no a la carne y no al pecado! Y ni una sola vez
Pablo califica sus declaraciones; no hay excepciones.

Probablemente la función más importante de Dios cuando
somos tentados es la de *impartir poder.* Dios nos ha dado poder a
nosotros, su poder, para decir no al pecado y sí a él. A pesar de la
intensidad de nuestra tentación, la frecuencia de nuestra tentación,
o aun nuestro fracaso en el pasado de luchar con éxito con ella,
Dios nos ha dado poder para resistir.

Ver es creer

Alguien puede responder: "Bueno, si Dios me ha dado todo este poder, ¿por qué continúo cediendo a la misma tentación una y otra vez? Yo oro y le pido a Dios que me ayude, ¡pero nada cambia!" Fue en anticipación a esta respuesta que tomé el tiempo para describir las tres leyes del poder que mencioné anteriormente. La segunda ley decía que el *poder tiene que utilizarse y aplicarse hacia una meta específica antes de servir a algún propósito.* Recuerde, el poder en sí mismo y por sí mismo, de nada sirve. Su valor está en su aplicación. *Tener* el poder de Dios disponible y *usar* ese poder son dos cosas completamente diferentes. Un creyente que no es capaz de decirle no al pecado es como un hombre que posee una sierra pero está intentando cortar el árbol con sus manos. El tiene la posibilidad a través de la sierra, pero no la está usando. Poseer una sierra con el poder de cortar árboles no es lo mismo que cortar árboles. Tener el poder de Dios a su disposición no es equivalente a vencer la tentación.

Es esto exactamente lo que Santiago dijo cuando escribió:

> Hermanos míos, ¿de qué aprovechará si alguno dice que tiene fe, y no tiene obras? ¿Podrá la fe salvarle?
>
> Santiago 2:14

Y luego unos versículos más adelante dice:

> ¿Mas quieres saber, hombre vano, que la fe sin obras es muerta?
>
> Santiago 2:20

El punto que trata Santiago es que la fe aparte de la aplicación de esa fe es inservible; no logra nada; ¡mejor fuera que no estuviera ahí! La aplicación de la fe o el poder hace que las cosas sucedan. Prácticamente hablando, no hay ningún valor en tener el poder de Dios residiendo en usted si no lo usa. Es como poseer un automóvil y mantenerlo todo el tiempo estacionado en el garaje. ¿De qué sirve? La incapacidad de un creyente de tratar con una tentación en particular en ninguna manera es una crítica al poder de Dios; sólo se evidencia la incapacidad del individuo o su falta de deseo de aplicar el poder que tiene a su disposición.

Yo estuve en el ministerio por años antes de comenzar a entender mi relación al poder de Dios. Yo sabía que Dios había dispuesto su poder, pero por mucho tiempo no sabía cómo hacerlo una realidad en mi propia vida. La mayoría de los creyentes a quienes yo aconsejo tienen el mismo problema. Ellos creen que la victoria es posible, pero no muy probable. La porción restante de este libro está dedicada a explicar cómo convertir el poder de Dios en una realidad, cómo conseguir que el poder de Dios opere en usted.

Un cambio para lo mejor

Antes de llegar a eso, sin embargo, examinemos un cuarto aspecto del envolvimiento de Dios en nuestras tentaciones. Este tiene que ver con los *cambios que ocurrieron en nuestra relación con el pecado y nuestra relación con Dios cuando confiamos en él como nuestro Salvador*. La realización de estas dos cosas realmente prepararon el camino para que yo comenzara a experimentar una victoria consistente en mi vida. Cuando niño, me enseñaron algunas cosas que eran incorrectas; estaban tan arraigadas en mi mente que sin saberlo, yo las leía en la Escritura. Cuando la verdad finalmente irrumpió, y mi perspectiva vino a coincidir con la de Dios, encontré mucho más fácil aplicar el poder de Dios a mi tentación particular.

Muertos al pecado

La Biblia dice que cada uno de nosotros nace bajo el dominio del pecado (Romanos 5:17-19). A través de los deseos de la carne, el poder del pecado dirige las acciones y actitudes de un hombre o mujer. El poder del pecado funciona igual que un dictador interno. Sus mandatos nacen de un deseo de cumplir cada deseo y satisfacer cada necesidad inmediata en cualquier forma que considere apropiada. El poder del pecado no conoce reglas, porque funciona como ley en sí mismo. Por lo tanto, finalmente entra en conflicto con cualquier norma de comportamiento, ya sea social, legal o bíblica.

El poder del pecado es ese deseo innato dentro de cada uno de nosotros de imponerse contra nuestro Creador o autoridad en general. El poder del pecado nos causa resentimiento cuando se nos pide que hagamos algo adicional en favor de otro. Sin duda, alguna vez en su vida se le ha dicho que haga algo e inmediatamente surgió algo adentro de sí que le ha dado el deseo de atacar al que lo está mandando. Ese es el poder del pecado. Tiende a hacerse oír en declaraciones como éstas: "¡No lo deseo!" "¡Hágalo usted!" "¡Démelo!" "¡Yo hice el trabajo, no él!" "¡No me importa lo que usted piense!" "¡No me digas lo que tengo que hacer!" Esta es la manera que el pecado responde a la autoridad de Dios, del gobierno o de su jefe.

El poder del pecado a veces nos lleva a pecar. Es la fuerza que batallamos cuando somos tentados. Es esa entidad extra dentro que parece empujarnos siempre en la dirección opuesta de la que sabemos que Dios quiere que vayamos. El poder del pecado es tan real que los autores bíblicos la personificaron. Cuando Moisés estaba describiendo la ira de Caín contra su hermano Abel escribió:

> Entonces Jehová dijo a Caín: ¿Por qué te has ensañado, y por qué ha decaído tu semblante? Si bien hicieres, ¿no serás enaltecido? y si no hicieres bien, *el pecado está a la puerta;* con todo esto, a ti será su deseo, y tú te enseñorearás de él.
>
> Génesis 4:6, 7

El poder del pecado se describe aquí como una bestia salvaje esperando devorar a su presa. Así es exactamente como el poder del pecado opera. Espera la oportunidad precisa de saltar y destruir nuestras relaciones, hogares, pensamientos y autoestima. El poder del pecado se expresa a sí mismo en la mayoría de los casos como una actitud de rebelión. Puede ser tan extrema como la declaración: "No me importa hacer lo correcto. O: "Yo sé que debo _____ pero no quiero." O: "Yo sé que debo _____, pero no puedo." Generalmente "No puedo" realmente quiere decir "No lo haré". En cada caso, el poder del pecado ha triunfado sobre la conducta correcta.

El apóstol Pablo describe su lucha con el pecado en estos términos:

Porque sabemos que la ley es espiritual; mas yo soy carnal, vendido al pecado. Porque lo que hago, no lo entiendo; pues no hago lo que quiero, sino lo que aborrezco, eso hago. Y si lo que no quiero, esto hago, apruebo que la ley es buena. De manera que ya no soy yo quien hace aquello, sino el pecado que mora en mí . . . Así que, queriendo yo hacer el bien, hallo esta ley: que el mal está en mí.

Romanos 7:14-17, 21

Todos nosotros hemos experimentado una lucha semejante. Sabemos lo que debemos hacer; a veces aun deseamos hacerlo; pero no podemos hacerlo por nosotros mismos. Los incrédulos no tienen el poder para vencer consecuentemente el poder del pecado en sus vidas. Para ellos, es una lucha inútil. Para los creyentes, sin embargo, es diferente.

¿Ustedes no saben?

Ahora viene la parte que me tomó años para entenderla realmente. La Escritura enseña que los creyentes están "muertos" al poder del pecado. Pablo escribió:

¿Qué, pues, diremos? ¿Perseveraremos en el pecado para que la gracia abunde? En ninguna manera. Porque los que hemos *muerto al pecado,* ¿cómo viviremos aún en él? ¿O no sabéis que todos los que hemos sido bautizados en Cristo Jesús, hemos sido bautizados en su muerte?

Romanos 6:1-3 (cursivas añadidas)

Luego unos versículos más adelante:

Así también vosotros consideraos muertos al pecado, pero vivos para Dios en Cristo Jesús Señor nuestro.

Romanos 6:11

Cuando Pablo usó el vocablo *muerto* en relación con el pecado, el quiso decir que el pecado ya no tiene el poder de empujarnos a hacer o pensar nada. Pero él no quiso decir que el poder del pecado ya no existe como una influencia. El poder del pecado tiene *acceso* a nosotros pero no *autoridad* sobre nosotros. Desafortunadamente, a veces es difícil distinguir entre los dos. Especialmente esto ocurre para aquellos que vienen a ser creyentes más tarde en la vida.

Hace varios años un amigo nuestro nos regaló un perrito a quien llamamos Romel. Mientras Romel era pequeño, mi hijo Andy le puso un collar y procedió a enseñarle a sentarse, a acostarse y a dar la mano. La manera como lo hizo fue diciéndole: "¡Siéntate, Romel!" Luego empujó hacia abajo la parte trasera del perrito mientras le tiraba del collar forzando la posición apropiada. Cuando completó este proceso, Andy recompensaba a Romel con algo de comer. Esto lo repitió muchos días. Entonces siguió pasos similares con las otras órdenes. Finalmente, todo lo que Andy tenía que hacer era caminar hacia Romel y decirle: "Siéntate", y Romel se sentaba; "Acuéstate", y se acostaba; "Dame la patita", y le daba la pata. No le tiraba del collar ni aun se le daba recompensa por obedecer. Y por el resto de su vida, Romel respondía inmediatamente a estas tres órdenes.

Podría tal vez decirse que Satanás tiene un collar alrededor del cuello de cada incrédulo. Ese collar se llama el poder del pecado. Cuando Satanás dice: "Miente", el poder del pecado empuja al incrédulo hacia la mentira. Cuando el incrédulo tiene un pensamiento impuro, el poder del pecado atrae su atención a ese pensamiento. Cuando se le da una orden a un incrédulo, el poder del pecado enfoca su atención en su derecho para hacer lo que desee. Un incrédulo puede resistir el poder del pecado, pero finalmente cederá.

Cuando una persona acepta a Jesucristo como Salvador, Dios quita el collar. Eso es lo que quiere decir estar muerto al pecado. Satanás todavía puede dar órdenes. Un pensamiento impuro todavía puede venir a la mente. Pensamientos de independencia pueden surgir en ocasiones. La diferencia es que el creyente es libre para escoger en contra de estas cosas. El poder del pecado ha sido destruido. Satanás y la carne todavía tienen acceso a la mente, pero no tienen autoridad sobre la voluntad. El creyente es libre para escoger. El creyente es libre para decir no.

El problema puede ser que, como Romel, usted está tan acostumbrado a responder de cierta manera que cede sin luchar.

Usted piensa: *¿De qué vale? Lo he hecho mil veces. No vale la pena luchar; así es como soy.* ¡No! Usted no es así; ésa es la manera que ha *escogido* ser. No importa cómo se sienta, no importa lo que haya hecho en el pasado, Dios dice que una vez usted haya confiado en Cristo como su Salvador, es libre del poder del pecado.

Después que le quitamos el collar a Romel, nunca *tuvo* que obedecernos otra vez. Desde entonces, voluntariamente él *escogió* obedecer. Cuando el poder del pecado ha sido destruido en su vida, usted nunca tendrá que obedecer los deseos de la carne, las órdenes del diablo, o el llamado del mundo. Usted es libre para escoger. El problema a veces es que su experiencia pasada lo ha acondicionado. Usted espera caer a ciertas tentaciones. Aplicando los principios bosquejados en este libro, sin embargo, puede renovarse a sí mismo. La Biblia llama a esto renovación de la mente. Trataremos con eso en más detalles en un próximo capítulo. Por ahora, tiene que aceptar la verdad de que el poder del pecado ha sido destruido. Lo que usted hace es asunto de selección.

Vivo para Dios

Morir al pecado es sólo la mitad de la historia. La otra mitad es que los creyentes están vivos para Dios. Pablo escribe:

> Porque en cuanto murió, al pecado murió una vez por todas; mas en cuanto vive, para Dios vive. Así también vosotros consideraos muertos al pecado, pero vivos para Dios en Cristo Jesús, Señor nuestro.
>
> Romanos 6:10, 11

No sólo cambia nuestra relación con el pecado, sino también nuestra relación con Dios. Esto, al principio puede parecer muy simple. Nosotros sabemos que nuestra relación con Dios cambió cuando confiamos en Cristo, pero puede ser que no sepamos cómo cambió y hasta dónde cambió. Y si no tenemos este conocimiento, el poder del pecado continuará teniendo influencia en nuestra vida.

Pablo sabía que éste era el caso. En realidad, toda su exposición de la relación del creyente con el pecado y con Dios la introduce con una pregunta: "¿O no sabéis . . . ?" (Romanos 6:3). El sabía que creyentes que estaban viviendo bajo la influencia del poder del pecado todavía no se habían asido de los cambios únicos en su relación con Dios. Así que a riesgo de insultar su inteligencia o cubrir viejo territorio, él lo vuelve a explicar:

> ¿O no sabéis que todos los que hemos sido bautizados en Cristo Jesús, hemos sido bautizados en su muerte? Porque somos sepultados juntamente con él para muerte por el bautismo, a fin de que como Cristo resucitó de los muertos por la gloria del Padre, así también nosotros andemos en vida nueva. Porque si fuimos plantados juntamente con él en la semejanza de su muerte, así también lo seremos en la de su resurrección; sabiendo esto, que nuestro viejo hombre fue crucificado juntamente con él, para que el cuerpo del pecado sea destruido, a fin de que no sirvamos más al pecado. Porque el que ha muerto, ha sido justificado del pecado.
>
> Romanos 6:3-7

Cuando usted confió en Cristo como su Salvador, la Biblia dice que fue "bautizado en Cristo". En nuestra cultura esa frase comunica poco o nada, pero en el tiempo de Pablo quería decir mucho. El término *bautizar* literalmente quiere decir "sumergir algo dentro de otra cosa". En los tiempos bíblicos ellos *bautizaban* una pieza de tela en tinta para cambiarle el color. Nosotros diríamos "sumergir".

El término *bautizar* tiene un significado figurado también. Un estudio de la literatura del primer siglo revela que este significado figurado del término era usado más a menudo que el significado literal. El significado figurado del término *bautizar* tiene que ver con el concepto de identificación. Por ejemplo, si gentiles (no judíos) deseaban unirse a la fe judía, tenían que pasar por una serie de ritos que culminaban con su bautismo. La costumbre era que se sumergieran en el agua. Esto significaba una transformación de cualquier forma de religión que antes tenían y abrazaban el judaísmo. El acto del bautismo representaba muerte a la vieja manera de vivir y resurrección a una nueva manera de vivir. El bautismo era una expresión exterior de una decisión interior de identificarse con la raza y religión judías. Ahora, prácticamente, todo eso que era cierto para un judío era cierto de ellos. El Dios judío sería el Dios de ellos. Los enemigos de los judíos, ahora serían enemigos de ellos. Ellos asumían las costumbres judías, la ropa, los hábitos de comer. Para todos los propósitos prácticos, ellos se habían vuelto judíos.

Un asunto familiar

Cuando Pablo habla de creyentes como bautizados en Cristo, quiere decir que hemos sido identificados con Cristo al grado que lo que es verdadero de él viene a ser verdad de nosotros. Las ramificaciones legales de adopción en nuestra cultura casi igualan este concepto. Imagínese por un momento un matrimonio que por razones médicas no puede tener niños. Un día, ellos ganan un premio de un millón de dólares. Al año siguiente, adoptan un hijo. Los papeles se arreglan en tal forma como para darle a él todos los derechos de un hijo natural. Luego, él es el heredero de todo lo que los padres poseen. Ahora piense en esta situación.

PREGUNTA: ¿Cuánto posee el hijo?
RESPUESTA: Tanto como poseen los padres.
PREGUNTA: ¿Estaba el hijo adoptivo en *realidad* allí cuando ellos ganaron el dinero?
RESPUESTA: ¡No!
PREGUNTA: ¿Es en *realidad* legalmente suyo?
RESPUESTA: Sí.
PREGUNTA: ¿Cuándo vino a ser de él?
RESPUESTA: Cuando fue legalmente puesto en la familia.

La verdad que Pablo quiere que entienda es que cuando usted aceptó a Jesucristo como su Salvador, fue puesto en la familia de Dios a través de la adopción. Dios lo bautiza o identifica o adopta (de la manera que lo quiera ver) a usted en Cristo. Por lo tanto, lo que es verdad de Cristo, con respecto a lo que le pasó a él, ¡es verdad en lo que respecta a usted!

¿Qué le pasó a Cristo? Fue muerto. Puesto que estamos en Cristo ahora, todos tenemos los beneficios de una persona que fue muerta. Así que, Pablo escribe que nosotros "hemos sido bautizados en su muerte" (Romanos 6:3). En la misma línea, él continúa:

Porque somos sepultados juntamente con él para muerte
por el bautismo, a fin de que como Cristo resucitó de los

muertos por la gloria del Padre, así también nosotros andemos en vida nueva.

Romanos 6:4

¿Estábamos nosotros en *realidad* allí cuando Cristo fue muerto y resucitado de los muertos? No. ¿Tenemos nosotros *realmente* los beneficios de Uno que fue muerto y resucitó de los muertos? ¡Sí! ¿Y cuál es el beneficio de haber sido identificado con la muerte y resurrección de Cristo?

Porque en cuanto murió, al pecado murió una vez por todas; mas en cuanto vive, para Dios vive.

Romanos 6:10

Cristo murió al pecado. Como hemos sido identificados con Cristo, también nosotros estamos, en realidad, muertos al pecado. Así que Pablo continúa:

Así también vosotros consideraos muertos al pecado, pero vivos para Dios en Cristo Jesús, Señor Nuestro.

Romanos 6:11

Nosotros tenemos la misma relación al pecado que tenía Cristo. Lo que es mejor, tenemos los mismos derechos de relación con Dios que tenía Cristo. ¡Estamos vivos para Dios!

Haciendo que dé resultado

Esta verdad puede que se oiga demasiado ridícula a la luz de su experiencia. Puede que usted pregunte: "¿Cómo puedo estar 'muerto' al pecado y vivo para Dios y actuar como yo actúo?" Es sencillo. Recuerde la segunda ley del poder: *El poder tiene que utilizarse y aplicarse hacia una meta específica antes de servir a un propósito.* Hasta que aplique estas verdades a su situación específica, continuará respondiendo como un perro con su collar. Cada vez que siente que esos antiguos sentimientos vuelven, usted procurará alcanzar lo que ha sido condicionado a alcanzar a fin de apagar esos deseos. Tiene que aceptar que Dios ha preparado el escenario para que experimente victoria sobre la tentación que azota su vida.

El le ha colocado en Cristo. Usted es una persona nueva y tiene los beneficios de realmente haber muerto al poder del pecado. Usted está unido a la vida y poder de Dios, y es tiempo de que ponga a trabajar ese poder.

El enfoque de los próximos capítulos está en hacer que este simple principio sea una realidad en su vida. Sin embargo, hasta que usted no esté dispuesto a aceptar esta proposición final como realidad, probablemente encontrará muy poca ayuda perdurable en este libro. El punto de partida para la victoria duradera sobre el pecado es aceptar el hecho de que usted está muerto al poder del pecado. Satanás, la carne y el mundo pueden pararse en las líneas laterales y gritar pidiendo su atención, pero ellos no pueden forzarlo a usted a hacer nada. Ese poder ha sido destruido. La muerte de Cristo en la cruz rompió de una vez y para siempre el poder del pecado. El collar ha sido quitado.

Segundo, usted está vivo para Dios. Su poder reside en usted. El poder que resucitó a Cristo de los muertos está disponible para usted cada día. Es el mismo poder que impulsó a Cristo a través de esta vida sin ceder a la tentación. Si lo utiliza, también se puede mover a través de sus días y noches en victoria.

Una sugerencia simple

Mientras continúa a través de los principios bosquejados en los capítulos siguientes, permítame animarlo a comenzar a hacer una cosa. Medite en esto: "Estoy muerto al pecado y vivo para Dios." Repítalo una y otra vez mientras lleva a cabo las actividades del día. Cuando sea tentado, repita la frase en alta voz. Cántela mientras viaja. Escríbala en una tarjeta y colóquela donde la pueda ver todos los días. Escríbala en su cuaderno de notas. Use cada oportunidad durante el día para arraigar este simple principio que transformará su vida. Cuando sienta volver esos sentimientos viejos, dígalo en alta voz: "Aunque me sienta como me sentía, la verdad es que estoy muerto al pecado y vivo para Dios."

Nunca olvidaré lo que un profesor mío le dijo a un recién convertido: "No puede vivir en la forma en que vivía, porque usted no es la persona que era." Esa es la verdad. Es mi oración al cerrar este capítulo que esta verdad se haga una realidad en su vida.

CAPITULO OCHO

Evadiendo las zonas de peligro

CARLOS ERA UN próspero abogado joven. Junto con su esposa y bebé recién nacido, raramente se perdía un servicio de la iglesia. El había crecido en un buen hogar cristiano, y había caminado con Dios a través de sus años de estudio, tanto del liceo como de la facultad de leyes. Pero una tarde, Carlos tomó una decisión que finalmente le costó la familia y el trabajo.

La compañía de Carlos necesitaba otra secretaria legal, y a él se le dio la responsabilidad de entrevistar a las solicitantes y escoger a una de ellas. La segunda mujer que entrevistó parecía la selección perfecta. Tenía varios años de experiencia como también una personalidad agradable. Carlos estaba tan impresionado que consideró cancelar las otras entrevistas. Pero se dio cuenta de que sería injusto para las personas a quienes le había dado cita, así que decidió continuar con las entrevistas.

Carlos se sentía muy bien al salir de su automóvil el jueves en la mañana y comenzó a caminar hacia su oficina. Aquella mañana él tendría su última entrevista y luego podría continuar con su trabajo habitual. Al llegar a la puerta, notó reflejado en el cristal que una mujer venía detrás de él. Cortésmente, abrió la puerta y esperó que ella entrara primero. Carlos no pudo dejar de notar que era una joven muy atractiva. Sin pensar, la observó caminar hacia el ascensor. El la siguió al ascensor pensando: *No hay nada de malo en tomar el ascensor con una mujer hermosa. Además, es el único ascensor disponible en este momento.*

"Piso cuatro, por favor", le dijo ella. Rápidamente Carlos empujó el botón del cuarto piso. Sonrió. Ese era su piso. Luego se le ocurrió pensar: *¿Es ésta la mujer de la entrevista?* Por supuesto, era ella.

La entrevista estuvo bien, considerando el hecho de que Carlos tuvo dificultad en mantener la mente en lo que ella hablaba. Algo dentro de sí continuaba diciéndole: "De ninguna manera la puedes emplear." Al mismo tiempo su mente analítica, bien entrenada respondía: "Pero mejorará la imagen de la oficina tener una joven atractiva como secretaria. Además, el hecho de que tiene tan poca experiencia nos hará más fácil enseñarle cómo se hacen las cosas en nuestra oficina. No hay nada de malo en emplearla a ella." Al fin su razón ganó, y Julia vino a ser la nueva secretaria legal.

Al pasar el tiempo, Carlos comenzó a prestarle más y más atención a Julia. Por primera vez en su carrera, él esperaba el Día de la Secretaria. Pasaba más de una hora buscando la tarjeta apropiada para ella. Todo el tiempo asomaba una advertencia en su conciencia: "Carlos, detente." Pero él siempre tenía una buena razón para las cosas que hacía: "Ella ha trabajado duro. Necesito mostrarle mi aprecio." Pronto otras personas en la oficina comenzaron a notar la singular atención que Carlos le prestaba a Julia. El sonreía y decía: "No hay nada malo con . . .", y excusaba cualquier cosa que se había mencionado.

El almuerzo se convirtió en algo regular para Carlos y Julia. Luego fue comida después del trabajo. Los regalos continuaron y comenzaron a crecer en tamaño y valor. Todo el tiempo Carlos se decía a sí mismo: "No hay nada de malo en mostrarle mi aprecio. No hay nada de malo en comer con mi secretaria."

No tardó mucho en que la admiración profesional de Julia por su jefe se convirtiera en una atracción romántica. Una cosa llevó a otra, como casi siempre pasa, y lo que resultó fue una relación adúltera que ni Carlos ni Julia anticiparon.

¿Qué sucedió?

La historia de Carlos es una que se ha repetido miles de veces con diferentes personas en diferentes circunstancias. En realidad, al leer su historia, estoy seguro de que usted anticipó el final; no lo tomó por sorpresa. Aunque común y predecible como es esta historia, yo deseo que la analicemos porque conlleva todos los ingredientes que producen el desastre en nuestras vidas.

Como muchos de nosotros, Carlos siguió esta línea de razonamiento acerca del pecado: "Hay cosas buenas, y hay cosas malas. Mi meta como creyente es estar siempre en el lado bueno de las cosas. Mientras yo haga eso, todo estará bien. Si algo no es claramente malo, es permisible." Así que, cada vez que se sentía un poco vacilante acerca de su relación con Julia, podía rechazarlo diciendo: "Pero yo no estoy haciendo nada malo." Y por su manera de mirar las cosas, él estaba convencido de que tenía razón.

Todos tenemos la tendencia a pensar de esa forma. Hemos trazado una línea en nuestra mente que separa el bien del mal. Mientras estamos en el lado bueno de las cosas, sentimos como si todas las cosas estuvieran bien. Y si alguien nos advierte sobre algo, nos ponemos a la defensiva y decimos: "¡Yo no estoy haciendo nada malo! La Biblia no dice nada acerca de esto."

Junto con esta manera de pensar viene otra tendencia que es movernos hacia la línea del pecado sin realmente pecar. Por ejemplo, cuando vemos un policía en la calle detrás de nosotros y estamos en una zona de velocidad de 60 kilómetros por hora, ¿a qué velocidad manejamos? Generalmente al límite, a 60 kilómetros. Esa es la manera como pensamos.

Los estudiantes de la escuela superior a veces expresan la misma forma de pensar con esta pregunta: "¿Hasta dónde mi novio y yo podemos llegar?" Lo que están preguntando en la mayoría de los casos es: "Exactamente ¿dónde está la línea entre lo permitido y lo que no es permitido? Cuando nos lo diga, vamos a mantenernos en esa línea." Queremos ir hasta donde podamos; queremos saber cuán cerca podemos estar del pecado sin pecar.

Esta pregunta se formula constantemente en cuanto a relaciones, a pago de impuestos, a límite de velocidad, a cuentas de gastos, a música de "rock", a bailes y a cualquier cosa en que haya un margen de imprecisión.

Desafortunadamente nunca habrá un acuerdo bíblico para responder a estas "esferas grises". La Biblia no responde la pregunta de hasta dónde una persona puede ir hacia el pecado sin realmente pecar. Eso nunca fue de preocupación de los escritores bíblicos. Inspirados por el Espíritu Santo, ellos formulaban preguntas completamente diferentes: "¿Cómo puedo lograr un carácter como el de Cristo? ¿Cómo puedo ser usado para inspirar a los que me rodean a ser semejantes a Cristo?" Esas eran las preocupaciones de los escritores bíblicos.

El problema de querer saber cuánto nos podemos acercar al pecado sin pecar es que la motivación detrás de la pregunta es tal que cuando encontremos la respuesta satisfactoria, inmediatamente nos ponemos al borde moral o ético del desastre. Desarrollamos estilos de vida tan próximos al borde del precipicio que Satanás tiene que hacer muy poco para empujarnos a pecar.

El consejero consciente de las calorías

Imagínese por un momento que un amigo suyo le cuenta en cuanto a su incapacidad de permanecer en una dieta. Puesto que es un buen amigo, usted le pregunta cuándo se le hace más difícil. ¿Qué pensaría usted si él respondiera en esta forma?: "Todo va bien hasta que llego a la heladería, pido un helado de crema y comienzo a tomarlo. Cada vez que hago eso no puedo resistir la tentación." No muy sabio, ¿verdad?

Vamos a dar un paso más. Con toda calma, usted le dice que si está tomando la dieta en serio, él tiene que dejar de ir a la heladería. ¿Cómo se sentiría usted si él le respondiera de esta forma?: "¡Ir a la heladería no tiene nada de malo! La gente va allí siempre. Inclusive vi al pastor y a su esposa en la heladería. Tú eres demasiado legalista."

Bueno, lo que su amigo dice tiene sentido. No hay nada de malo en ir a la heladería. Pero no entiende algo, ¿no es cierto? El no entiende que a muchos creyentes les falta algo, algo de lo que hablamos cuando nos referimos a luchar con la tentación. Cuando enfrentamos decisiones acerca de oportunidades, invitaciones, citas o cualquier cosa que tenga que ver con nuestra vida diaria, no debemos preguntar: "¿Qué hay de malo en esto?", sino: "¿Qué es lo más prudente?"

Caminando sabiamente

Cuando escribió a los creyentes en Efeso, Pablo concluyó una discusión larga concerniente al asunto del bien y del mal con esta amonestación:

Mirad, pues, con diligencia cómo andéis, no como necios sino como sabios.

Efesios 5:15

La relación entre la exhortación de Pablo aquí y los versículos anteriores no se puede recalcar demasiado. Una paráfrasis de este versículo diría: "Ahora, si ustedes quieren continuar seriamente andando en todo lo que yo he dicho . . . ." Pablo había descrito cómo deben responder los creyentes a aquellos cuyas vidas pueden describirse como inmorales, ambiciosas, impuras, codiciosas o rudas. El les dijo que no "participaran" con ellos. Aun los animó a ir más allá hasta "desenmascarar" lo que hacía aquella gente. En ese momento, él cambió su tema al asunto de la sabiduría. Su punto es claro. Si fuéramos a permanecer sin que la gente pecadora, con la cual nos rozamos a diario, nos manchara, tenemos que aprender a caminar sabiamente.

¡Examínelo!

Como Pablo usó la frase aquí, *con diligencia* quiere decir "examinar cuidadosamente". El estaba diciendo que tenemos que examinar cuidadosamente cada oportunidad y situación que se nos presente; tenemos que pesar el pro y el contra. Tenemos que entrar en el hábito de examinar toda oportunidad a la luz de la experiencia pasada, debilidad presente y planes futuros. Mi experiencia como pastor me dice que las personas raras veces planean meterse en problemas. Su problema consiste en que no evitaron meterse en problemas.

En términos de la experiencia pasada propia, la sabiduría pregunta: "¿Qué pasó la última vez que me involucré con ese grupo?" "¿Qué pasa generalmente cuando voy a ese lugar?" La sabiduría no da la explicación racional: "No hay nada de malo con esa gente." Ese no es el asunto. El asunto que se relaciona con la sabiduría es su salida con ese grupo.

Como la mayoría de los pastores, he visto perderse moralmente a muchísimos jóvenes solteros. En el caso de muchas parejas, yo podía verlo venir a un kilómetro de distancia. Una y otra vez les advertía o mandaba a miembros de la junta que les advirtiera. Una y otra vez repetíamos la misma rutina. Un joven o una joven defenderá la relación basándose en el carácter de la otra persona o en su trasfondo, mientras ignora el hecho de que la relación está fuera de los límites de Dios, y que la experiencia indica que será así mientras permanezcan juntos.

Ellos dicen algo así: "Usted no entiende. El es un buen hombre. Es tan cortés y sensible." O: "Ella es la mejor muchacha con la que he salido. Seguro, tenemos nuestros problemas, pero es una persona excepcional. Sería un tonto si la dejara." Y así continúan fuera de la voluntad de Dios, prometiendo una y otra vez que las cosas cambiarán, hasta que todo se pierde. Estas relaciones generalmente son de corta duración. Finalmente, uno de los dos pierde interés en el otro. O la joven queda embarazada. Lo que sea, produce heridas muy profundas y siempre dicen que desearían haber escuchado los consejos.

¿Y qué diremos del presente?

La sabiduría toma decisiones según el pasado, y también es susceptible a las debilidades del presente. Por debilidades presentes, me refiero al hecho de que somos susceptibles a ciertas tentaciones en algún momento más que en otro. Por ejemplo, inmediatamente después que el adolescente ha tenido una discusión grande con sus padres, está más propenso a hacer las cosas que normalmente no haría. Yo he hablado con muchachos que tomaron el primer trago inmediatamente después de un argumento en el hogar. No estaban seguros por qué lo hicieron. Sólo se sintieron "más rebeldes", como dijo un joven.

Un comerciante que ha hecho un buen negocio en el que había

trabajado por semanas o meses, puede ser más vulnerable a ciertas tentaciones que en circunstancias normales. Cuando un hombre experimenta bastante éxito, a veces se siente como si se debiera a sí mismo tomarse algunas libertades. A veces se siente por encima de la ley.

Las personas que están comprometidas a caminar sabiamente toman en cuenta sus sentimientos y frustraciones. Se dan cuenta de que lo que fue inofensivo el fin de semana pasado puede llevar al desastre este fin de semana, que lo que fue fácil resistir anoche puede ser más difícil decir no esta noche. Abordan cada oportunidad, invitación y relación según el estado presente de su mente y sentimientos.

Planeando con anticipación

La tercera esfera que la sabiduría siempre considera es el futuro, que incluye planes, metas y sueños. Casi cada pecado que somos tentados a cometer, tiene un efecto directo o indirecto en nuestro futuro. Ya sea deshonestidad, mentira, robo, chisme o alguna clase de pecado sexual, afecta nuestro futuro. Si somos sabios, miramos más allá del placer inmediato del pecado a su efecto final en nuestros planes del futuro. Por lo tanto, mientras más claras sean nuestras metas, más fácil será decir no a la tentación. ¿Por qué? Porque una de las mentiras de Satanás es: "¡Esto no te va a hacer ningún daño!" Como hemos visto, sin embargo, cada pecado duele; nadie se puede salir con las suyas con el pecado. La gente orientada a las metas es más apta para ver las decisiones presentes a la luz de las consecuencias futuras.

Una joven que se ha hecho el propósito en su corazón de mantenerse pura moralmente para el hombre con quien se case, tendrá más firmeza cuando sea tentada que la muchacha que nunca ha pensado qué clase de mujer desea ser algún día. Un padre que desea mantener a sus hijos a su lado cuando lleguen a adolescentes, resistirá la tentación de pasar todo el tiempo ocupado en sus propios intereses mientras sus hijos sean pequeños. La mujer que se ha propuesto en su corazón tener una relación matrimonial buena, resistirá la tentación de descuidarse en su esfuerzo de lucir atractiva a su esposo. La persona sabia siempre considera cada oportunidad, relación, y pensamiento a la luz de los efectos que tendrán en sus planes y sus sueños futuros.

Los creyentes no se levantan una mañana y de repente deciden salir y tener una aventura amorosa. Los negociantes no comienzan sus carreras con la intención de ser deshonestos. Los solteros no planean relaciones que resulten en un embarazo indeseado. Las familias no planean meterse en deudas hasta el cuello. Los matrimonios no comienzan planeando divorciarse. Nunca he conocido a un adolescente cristiano que planeó beber la primera cerveza. Tampoco he conocido a una muchacha cristiana que planeó de antemano perder su virginidad. Sin embargo, todas estas cosas suceden todos los días. ¿Por qué? Porque no planeamos lo suficientemente bien como para que no sucedan.

Es un día malo

Vivimos en una época en que todo obra en contra de las cosas que más queremos. Piense en esto. ¿Qué fuerza en nuestra sociedad está obrando para ayudarlo a permanecer fiel a su cónyuge? Ni siquiera una. El mensaje de nuestro mundo es todo lo contrario. ¿Qué fuerza en nuestra sociedad está operando para ayudar a sus hijos a permanecer fieles a los principios que la Biblia establece referente a la pureza sexual, honestidad, lealtad y la prioridad del desarrollo del carácter? ¡Ninguna! El mensaje que bombardea a nuestros hijos es: "Adquieran todo lo que puedan y hagan lo que los haga sentirse bien." No vivimos en un mundo neutral que nos atrae para escoger entre el bien y el mal. En el mundo en el que vivimos el bien se ha convertido en mal.

Los creyentes no pueden salir al mundo sin tomar grandes precauciones. Pablo escribe dos cosas que los creyentes deben hacer si quieren sobrevivir moral y éticamente. La primera se encuentra inmediatamente después del texto que vimos:

> Mirad, pues, con diligencia cómo andéis, no como necios sino como sabios, *aprovechando bien el tiempo,* porque los días son malos.
>
> Efesios 5:15, 16 (cursivas añadidas)

Aparentemente, la sociedad de Efeso no era mejor que la nuestra. En realidad, en algunos aspectos era peor. En nuestra sociedad la inmoralidad está asociada con la impiedad, pero en Efeso la inmoralidad jugaba un papel central en la religión de aquella cultura. En su adoración a la diosa Artemisa, los efesios participaban en ritos de fertilidad sensual que incluían orgías como también prostitución. ¡Imagínese viviendo en una sociedad donde las convicciones religiosas se demostraban a través de una conducta inmoral!

Dirigiéndose a los creyentes de esa ciudad, Pablo los aconsejó que aprovecharan bien el tiempo. O sea, debían usar su tiempo cuidadosamente. Pablo se dio cuenta de que no requería absolutamente ningún esfuerzo de parte de ellos para llegar a ser como el mundo. No tenían que estudiar o fijar metas ni aun hacer planes para llegar a ser como el mundo. Todo lo que tenían que hacer era ir al mundo y vivir. Si no tomaban precauciones, con el tiempo se parecerían, actuarían y pensarían como el mundo. Y eso se aplica también a nosotros.

Dado que esto es así, Pablo advierte a los creyentes de Efeso que tomen cada momento disponible y trabajen para cambiar las cosas. Ser diferente al mundo demanda un esfuerzo consciente y eso representa tiempo. Es fácil llegar a ser ocioso cuando se tiene mucho tiempo libre. Sin embargo, hacer eso es realmente un paso hacia el fracaso.

El padre prudente, por ejemplo, no entra en la casa, se pone cómodo, y se sienta frente al televisor o toma el periódico. El piensa: *Tengo treinta minutos antes de la cena. No he visto a mis hijos en todo el día. No he hablado con mi esposa en todo el día. Utilizaré este tiempo con mi familia en vez de mirar la televisión.* ¿Quiere decir esto que hay algo de malo en mirar televisión después del trabajo? No. Ese no es el asunto. El asunto no es el del mal contra el bien. Es asunto de escoger lo sabio. El mundo no nos deja tiempo para la familia. Así que los que realmente desean vencer las presiones del sistema de este mundo, tienen que aprovechar cada minuto libre para hacerlo.

El ama de casa no enciende el televisor para que le haga compañía mientras ella limpia. Ella piensa: *¡Oh! una hora para escoger lo que quiero escuchar. ¿Qué cosa es lo mejor para ocupar mi mente? ¿La televisión?* Por supuesto que no. Así que busca alguna música cristiana o cintas de sermones o algo que edifique. ¿Quiere eso decir que una ama de casa nunca tiene que ver televisión cuando está sola en la casa? Por supuesto que no. Pero el ama de casa prudente se da cuenta de que los días en que vivimos son malos. Por lo tanto, ella tiene que usar cada minuto libre para no llegar a ser como el mundo que se esfuerza sobremanera para destruir todo lo que ella ama.

Los jóvenes prudentes no están continuamente hablando por teléfono. Piensan: ¡*Silencio! En los próximos minutos puedo controlar lo que oigo. En la clase no lo puedo controlar. No puedo controlar lo que oigo en el vestuario. Ni siquiera tengo suficiente control en casa. Pero ahora puedo decidir.* En vez de oír cosas inconvenientes por la radio, los estudiantes prudentes usan ese tiempo para ocupar sus mentes con algo bueno. De nuevo, ¡el asunto no es si los creyentes deben o no escuchar la radio! El asunto tiene que ver con la manera más sabia de usar el tiempo libre.

Tal vez usted piense: *¿Qué tiene que ver todo esto con la tentación?* Simplemente que uno de los trucos de Satanás es mantener nuestra mente apartada de la verdad por un largo tiempo. Durante ese tiempo, lentamente, él aleja nuestros pensamientos y emociones cada vez más de la verdad. Entonces, cuando menos lo esperamos, caemos. Por eso es que durante las vacaciones somos tan vulnerables. Salimos de nuestra rutina. Dejamos por un tiempo la disciplina espiritual. Por horas y aun por días estamos sin ningún recuerdo directo de lo que es verdadero y correcto. Nuestras emociones se avienen más a las cosas del mundo que a las cosas de Dios. Y luego nos preguntamos por qué nos deslizamos tan fácilmente en el pecado. Y ése fue un pecado que nunca nos hubiera hecho caer en circunstancias normales.

En este día malo en que vivimos necesitamos recordar constantemente la verdad. Si no aprovechamos nuestro tiempo, dejaremos que otros decidan cómo ocuparlo. No habrá tiempo para Dios. Por consiguiente, somos propensos a caer. Los hombres y las mujeres prudentes aprovechan bien el tiempo. Usan su tiempo libre para acercarse más a Dios; para examinarse y ver que no se están acercando lentamente a esa línea engañosa que divide las cosas que son de Dios de las cosas que son del mundo.

Mire de frente a la verdad

De acuerdo con Pablo, esto es lo segundo que deben hacer los creyentes:

> Por tanto, no seáis insensatos, sino entendidos de cuál sea la voluntad del Señor.
>
> Efesios 5:17

Al leer esto por primera vez, puede ser que pensemos que no tiene lógica. ¿Cómo puede él mandarnos a entender la voluntad del Señor? ¿No es eso lo que estamos tratando de saber de todos modos?

Lo que Pablo quiere decir es esto: "No siga ignorando voluntariamente lo que sabe en su corazón que Dios quiere que haga. ¡Enfréntelo!" Pablo nos llama a no desperdiciar el tiempo, a dejar de justificarse por aquellas cosas en nuestra vida que quizá no sean "malas" pero que nos conducen a pecar una y otra vez. "Deje de explicar aquellas relaciones que continúan haciéndole tropezar. ¡Sólo el tonto continúa jugando consigo mismo!"

Si el tener negocios con ciertos individuos o grupos lo ponen en una posición en que viola sus convicciones repetidamente, deje los negocios con ellos. Si algunos programas de televisión lo impulsan a la codicia, no los justifique diciendo que lo entretienen. No los mire. Si estar con un grupo de gente en particular lo hace tropezar, no dé explicaciones diciendo: "Pero ellos son mis amigos." ¡Busque amigos nuevos!

En cada esfera de la vida, enfrente lo que Dios quiere que usted haga. Mientras siga perdiendo tiempo, mientras siga ignorando lo que sabe en su corazón que Dios quiere que haga, está propenso a fracasar. Se *coloca*, por decirlo así, en la línea divisoria entre el bien y el mal. Es asunto de tiempo, y Satanás lo empujará. Si no está dispuesto a bregar con las esferas de su vida que le llevan a la tentación, no está tomando en serio a la tentación. La consecuencia en la vida cristiana demanda sabiduría; y la sabiduría demanda que le haga frente a esas cosas que le hacen propenso a caer.

Nuestro Guía celestial

Es interesante que a continuación de este pasaje, Pablo escribe:

> No os embriaguéis con vino, en lo cual hay disolución; antes bien sed llenos del Espíritu.
>
> Efesios 5:18

El Espíritu Santo desempeña una función muy importante cuando hablamos de sabiduría. Si piensa en la historia de Carlos y la secretaria legal, se acordará que durante la entrevista había algo que le advertía a Carlos en cuanto a emplear a Julia. El no lo reconoció en el momento, pero era el Espíritu Santo que le hablaba a su conciencia. Yo lo llamo una precaución en mi espíritu. Es difícil de explicar, pero si es creyente, sabe exactamente de lo que estoy hablando. Es ese sentimiento de vacilación situado en algún lugar entre su garganta y su estómago. A veces desafía la lógica. Y, generalmente, no es dominante. Se percibe como un sentimiento, pero es más que un sentimiento.

Referente a la tentación, el Espíritu Santo funciona como el guía en un viaje de turismo. Imagínese que usted y su familia están visitando el "Grand Canyon". ¿Qué pensaría si el guía lleva a todo el grupo a la baranda frente a un abrupto precipicio y luego se para encima de la angosta baranda? ¡Imagíneselo allí, tratando de mantener el equilibrio, y les dice a ustedes que suban para ver mejor!

¡Su primera reacción sería llamar al dueño de la empresa de turismo para que encerraran a ese hombre! Aun más, su respuesta a él sería algo así: "No se preocupe, que desde aquí vemos perfectamente bien", al mismo tiempo que se retiraban lo más posible del borde del precipicio.

¿Sabe lo que el Espíritu Santo quiere hacer por usted? El desea extender sus brazos para poner distancia entre usted y la situación en que podría pecar. El le dice: "Estás bastante cerca. Puedes ver muy bien desde aquí." Cuando usted ignora esas advertencias y sigue adelante, está próximo al desastre. No hay nada de malo en pararse en la baranda de protección sobre el precipicio que mencionamos, pero sólo un tonto haría tal cosa. De igual manera, sólo un tonto continuaría pasando por alto las advertencias del Espíritu Santo.

Unos pocos pasos hacia atrás

Si toma en serio el luchar con las tentaciones que lo perturban día tras día, puede ser que tenga que dar unos cuantos pasos hacia atrás, unos cuantos pasos hacia la seguridad y lejos de la tentación. Un amigo mío que vive en otra ciudad, tuvo que dar unos cuantos pasos hacia atrás en la esfera de la lascivia. Una tarde nos detuvimos frente a una tienda a comprar el periódico. Cuando yo estaba listo para salir del automóvil, él me dijo: "No vayas. Yo mando a Sara." Sara era su hija de ocho años. El le dio algún cambio y la pequeña entró al negocio.

Yo hice un comentario en broma de que era holgazán al no ir a buscar el periódico él mismo. Su contestación, sin embargo, explicó por qué envió a su hija y por qué él era el hombre piadoso que yo sabía que era. "Yo siempre iba a ese negocio a comprar el periódico", me dijo. "Pero al entrar, a mano izquierda hay un estante de revistas. Está lleno de revistas inconvenientes. Cada vez que yo entro ahí, lucho con la tentación de hojear una de ellas. Decidí que lo más prudente era mandar a Sara. Así evito la tentación."

Eso es lo que yo llamo dar varios pasos hacia atrás. ¿Piensa mi amigo que está mal ir a una tienda? Por supuesto que no. Ese no es el asunto. El asunto es: ¿Qué es lo más prudente?

Tengo otro amigo que luchaba con cambiar el canal de televisión cada vez que venía un programa inconveniente. El se sentaba por horas, hasta tarde en la noche, y miraba un programa detrás del otro. El tuvo que dar unos pasos hacia atrás. Estableció una regla de nunca encender el televisor y mover la perilla de un canal a otro para ver lo que había. El siempre examinaba el programa de televisión del periódico para ver si había algo digno de verse. Aprendió que es más fácil dejar de lado el periódico que un programa que ya están presentando.

Al terminar este capítulo, quiero compartir mi convicción referente a este principio. Yo creo que este principio podría eliminar algunas de las tentaciones más difíciles que usted confronta. Tal vez diga: "Pero usted no me conoce." Es cierto, pero las personas con quienes he compartido este principio, y lo han puesto en práctica, han visto una reducción notable en el poder de la tentación con la que están luchando.

Dejando la zona de peligro

Quiero hacerle una advertencia. Tal vez sea un principio simple, pero no siempre es fácil de aplicar. La gente no entenderá por qué usted no va con ellos a lugares que antes frecuentaba. Aun algunos de sus amigos creyentes no entenderán. Ellos pensarán que es legalista o que se cree "más santo que nadie". Sus amigos inconversos ciertamente no entenderán. Los comentarios de ellos molestan. "El no puede ir. Es creyente." Tal vez pase más tiempo en su hogar que antes.

Pero permítame preguntarle de nuevo: ¿Toma en serio la victoria sobre la tentación? Si es así, ¿está dispuesto a dar varios pasos hacia atrás? ¿Está listo a retirarse del borde "del precipicio" y decir: "Desde aquí veo perfectamente bien"? ¿Está dispuesto a evaluar cada oportunidad a la luz de experiencias pasadas, del estado presente de su mente, de sus metas futuras, planes y sueños? ¿Está dispuesto a juzgar cada invitación y decisión a la luz de lo que sea más "prudente"?

¿Está dispuesto a usar su tiempo libre cuidadosamente no buscando siempre la radio, la televisión o el periódico? ¿Está dispuesto a enfrentar lo que sabe en su corazón que Dios quiere para usted? Si lo está, ¿por qué no toma unos minutos ahora mismo y piensa en aquellas esferas en las que siente que necesita dar uno o dos pasos hacia atrás? Escriba esos pensamientos. Quizá querrá usar tarjetas y escribir algunos de los puntos principales de este capítulo y ponerlos en un lugar prominente donde los pueda ver a menudo. Entonces, ore y pídale a Dios que lo perdone por pasar por alto la guía del Espíritu Santo. Pídale a Dios que lo haga más sensible a la voz de su Espíritu, a medida que él lo guía en el camino de la sabiduría, lejos de las zonas de peligro.

CAPITULO NUEVE

Vestidos para la batalla

EN AÑOS RECIENTES la gente se ha vuelto más consciente de la moda. Las personas gastan enormes sumas de dinero poniendo sus guardarropas al día para cada estación. La publicidad se concentra en pequeños segmentos de la población y diseña la moda correcta para cada grupo. Se puede comprar ropa de alta costura aun para bebés, ¡y estoy seguro de que los bebés lo aprecian!

La Biblia, sin embargo, habla de otra clase de vestuario, uno que generalmente la mayoría de los creyentes pasan por alto. Sin embargo, es mucho más importante que el estilo actual de la moda. Pablo describe esta vestidura espiritual:

> Por tanto, tomad toda la armadura de Dios, para que podáis resistir en el día malo, y habiendo acabado todo, estar firme. Estad, pues, firmes, ceñidos vuestros lomos con la verdad, y vestidos con la coraza de justicia, y

calzados los pies con el apresto del evangelio de la paz.
Sobre todo, tomad el escudo de la fe, con que podáis
apagar todos los dardos de fuego del maligno. Y tomad el
yelmo de la salvación, y la espada del Espíritu, que es la
palabra de Dios.

Efesios 6:13-17

No hay duda que usted ha oído sermones sobre la armadura
de Dios. Este es un pasaje muy popular entre los predicadores.
Pero tan familiarizados como la mayoría de los creyentes están con
el contenido de este pasaje, encuentro muy pocos que toman en
serio la aplicación de Pablo de estos versículos. Pablo no dijo:
"Entiendan toda la armadura de Dios." Tampoco dijo: "Investiguen
cada pieza de la armadura romana a la que hace alusión estos
versículos." Pablo dijo: "VESTIOS" (v. 11).

Vestidos para triunfar

Tenemos ropa diferente para ocasiones diferentes, y tenemos
cuidado de usar la ropa correcta en el tiempo apropiado. En
ninguna ocasión usted encontrará a un banquero trabajando en
traje de baño. O a un soldador trabajando en traje de etiqueta.
Tampoco encontrará a la madre de una novia con botas de campo
en la boda de su hija. Somos cuidadosos de lo que usamos y en
dónde lo usamos.

Hay una ocasión, sin embargo, que raras veces pensamos en
vestirnos, y es para la *guerra*, la guerra espiritual en la que cada
uno de nosotros está involucrado como creyente. Piense en esto.
¿Iría un soldado a la batalla sin primero vestirse para ella? No lo
haría si quiere sobrevivir. Sin embargo, cada día de nuestra vida,
los que profesamos al Señor Jesús como nuestro Salvador, entramos
en una batalla. Y desafortunadamente, la mayoría de nosotros no
nos tomamos el tiempo para vestirnos apropiadamente. Entonces
llegamos al final del día y nos preguntamos por qué no tenemos
fuerza de voluntad, disciplina o resistencia.

En el capítulo 2 explicamos sobre las tentaciones que experi-
mentamos. Vimos cómo cada tentación es una pequeña parte de
una lucha continua entre Dios y su enemigo, el diablo. Hablamos
sobre lo fácil que es olvidar que estamos en una guerra; nos

adormecemos pensando que luchábamos en un vacío. Y vimos cómo ése no era el caso. Sin embargo, dado que usted leyó ese capítulo, me imagino que la verdad acerca de la batalla en la que estamos involucrados se ha desvanecido de su mente. Puedo añadir que no ha sido intencionalmente. No estamos acostumbrados a pensar en esos términos.

Hogar, dulce hogar

Imagínese a un soldado que se queda dormido toda la noche y sueña que la guerra terminó y que él está en su hogar. El sueño es tan real que cuando despierta, realmente cree que la guerra terminó y que él está en su casa. ¿Cómo cree que se vestiría? ¿Como si fuera a la batalla? Lo dudo. Peor aún, ¿qué le pasaría a él si su pelotón fuera atacado?

La mayoría de los creyentes no toman en serio los mandamientos de Pablo en este pasaje familiar porque no viven conscientes del hecho de que ¡estamos en una guerra! Hasta que no aceptemos esta simple verdad, nunca desarrollaremos el hábito de prepararnos en la debida forma. Efesios 6 no es el único pasaje que se refiere a que los creyentes están en guerra. Pablo le recordó a Timoteo la misma verdad cuando dijo:

> Tú, pues, sufre penalidades como buen soldado de Jesucristo. Ninguno que milita se enreda en los negocios de la vida, a fin de agradar a aquel que lo tomó por soldado.
>
> 2 Timoteo 2:3, 4

Las Escrituras son claras. Cuando confiamos en Cristo como nuestro Salvador, entramos en una guerra. Y así como un soldado que no está preparado puede esperar sufrimiento en una guerra contra otro país, un soldado sin preparación sufrirá también en una guerra espiritual.

Quizás una razón por la que usted no puede vencer la tentación en su vida es que va a la batalla sin prepararse para lo que va a enfrentar. Una vez que el enemigo ha comenzado su ataque, ya es demasiado tarde para prepararse. Sin embargo, a menudo, así es lo que sucede, y usted se pone a buscar a tientas versículos bíblicos, pronuncia oraciones sin significado y se pregunta por qué nunca gana terreno en su vida cristiana.

Conozca a su enemigo

Antes de considerar cómo nos preparamos para la batalla, tenemos que tratar otro asunto. Uno de los trucos más efectivos del enemigo es separar nuestra atención de él y concentrarla en alguna otra cosa o persona. Satanás quiere que nosotros veamos a alguien más como el enemigo, no a él. Desea que los esposos vean a sus esposas como el enemigo, que los hijos vean a sus padres como el enemigo, y que los pastores que vean a los diáconos o a los ancianos como el enemigo.

Pablo dice, sin embargo, que esta guerra no es contra carne y sangre. No estamos luchando los unos contra los otros. Nuestro enemigo es de naturaleza espiritual.

> Porque no tenemos lucha contra sangre y carne, sino contra principados, contra potestades, contra los gobernadores de las tinieblas de este siglo, contra huestes de maldad en las regiones celestes.
>
> Efesios 6:12

Una razón por la que tenemos tal lucha en nuestras relaciones terrenales es que con frecuencia olvidamos dónde radica nuestro verdadero problema. Por eso es que los matrimonios que oran juntos generalmente permanecen juntos. ¡La oración es el mejor recordatorio de quién es el enemigo! Yo he hallado en mi propia experiencia, por ejemplo, que mientras más oran juntos los diáconos, menos tiempo pasamos en las reuniones.

Nuestro enemigo es invisible, pero muy real. El no es omnisciente; él no lo sabe todo. Pero ha estado alrededor suficiente tiempo como para maquinar cada movimiento. El no anuncia su presencia con sonido de trompeta. Es muy sutil. No nos ataca vistiendo colores brillantes y dándose a conocer. Le gusta pasar inadvertido y esperar el momento oportuno para atacar.

Por último, nuestro enemigo no pelea solo. El tiene bajo su autoridad grupos de huestes demoníacas que están sueltas y activas en el mundo de hoy. Hubo un tiempo cuando la gente se reía de la idea de demonios y posesión demoníaca. Esto es cierto en especial en los países donde se practica abiertamente la magia negra. Pero más y más la verdad está siendo descubierta, y no se puede negar que actualmente está muy difundida la brujería y la práctica de la adoración a los espíritus.

Debemos recordar que nuestro enemigo no lucha solo. En su mayor parte, no creo que debamos preocuparnos por la actividad demoníaca que se manifiesta en hechizos y posesiones. Pero creo, sin embargo, que luchamos con influencia demoníaca. Yo no soy un experto en demonología, y las Escrituras no nos dan mucha revelación en este aspecto. Pero la Biblia es clara sobre cómo tratar con esas huestes infernales:

> Vestíos de toda la armadura de Dios, para que podáis estar firmes contra las asechanzas del diablo.
>
> Efesios 6:11

Aproveche la oportunidad

Antes de continuar adelante, quiero que usted se haga una promesa a sí mismo. Prométase que por lo menos tratará lo que le voy a sugerir. Y no por un solo día, sino por siete días, una semana completa. ¡Espere! No siga leyendo hasta que se haga esa promesa. ¿Por qué? Porque esto les va a parecer tonto a algunos de ustedes, especialmente aquellos que son del tipo más "serio". Usted sabe quién es usted. De todos modos, si prueba esto, yo le garantizo que no se va a arrepentir. Y si piensa que ésta es una idea ridícula, yo lo desafío a estudiar este pasaje por su cuenta y deducir de qué habla Pablo cuando dice: "Vestíos de toda la armadura de Dios."

Mirando más de cerca

Al riesgo de sonar contradictorio, quiero mirar rápidamente la armadura romana que Pablo tenía en mente, y su relación con la armadura espiritual que tenemos que usar. La primera pieza que él menciona es el cinto: "Ceñidos vuestros lomos con la verdad." El soldado romano tenía una faja que se ponía alrededor del cuerpo. Era más como un delantal que como una faja. Era hecha de un cuero grueso y le cubría la parte del abdomen. También sostenía su espada.

La verdad acerca de Dios y de nosotros como sus hijos sirve como el fundamento para todo lo demás que hagamos como creyentes. Es por eso que Pablo asoció el cinto con la verdad. El poder de Dios es mayor que el poder del pecado o Satanás. Esta es la verdad que nos da esperanza cuando enfrentamos a la tentación. La verdad acerca de nosotros, como hemos visto, es que hemos sido bautizados en Cristo. Por lo tanto, hemos sido identificados con su muerte y estamos muertos al pecado. Estas verdades sirven como el fundamento para el resto de nuestra armadura espiritual.

Luego Pablo menciona la coraza: "Y vestidos con la coraza de justicia." La coraza generalmente se hacía de cuero, aunque algunas de ellas estaban cubiertas de metal. La coraza protegía la región del pecho y, por consiguiente, todos los órganos vitales.

En la antigüedad, los hombres creían que las emociones residían en algún lugar en el pecho de la persona. Esta creencia, probablemente, surgió del hecho de que mucho de lo que sentimos emocionalmente se siente en esa parte del cuerpo. La coraza estaba asociada con la justicia porque lo que es justo a menudo está en conflicto con la manera en que nos sentimos. La coraza de justicia es para guardarnos de tomar decisiones basadas en lo que sentimos y no en lo que sabemos que es correcto. Muy a menudo la tentación comienza con nuestras emociones. Tenemos que mantener nuestras emociones bajo control. No que haya nada de malo en ser emocional. Todo lo contrario, nuestras emociones son tanto un don de Dios como cualquiera otra parte de nuestro ser. Sin embargo, no fueron diseñadas para guiarnos.

Pablo sigue con la cubierta de los pies: "Y calzados los pies con el apresto del evangelio de la paz." La cubierta de los pies del soldado romano eran unas sandalias gruesas de cuero, que cubrían tanto su pie como su tobillo. A veces la planta estaba cubierta de púas o clavos para permitirle mantenerse en pie en combate cuerpo a cuerpo.

El zapato está asociado con paz porque eso es lo que se supone que dejemos dondequiera que vayamos, como la huella. Dondequiera que vamos, debemos compartir las buenas nuevas de cómo las personas pueden tener paz con Dios.

El enfoque ahora cambia de vestimenta a arma de defensa, el

escudo: "Sobre todo, tomad el escudo de la fe, con que podáis apagar todos los dardos de fuego del maligno." El escudo a que Pablo se refiere aquí no es el escudo redondo pequeño parecido al que usted ve en televisión; era mucho más grande. La palabra traducida "escudo" viene de la palabra que quiere decir "puerta". En realidad, algunos de estos escudos eran del tamaño de las puertas.

Tenían un marco de hierro con cuero grueso estirado encima, y algunos de ellos tenían metal en la parte de adelante. Un soldado se podía arrodillar detrás de un escudo y estar completamente protegido en medio de la batalla. En ocasiones, los romanos mojaban sus escudos en agua para que cuando los enemigos dispararan sus flechas ígneas, éstas se extinguieran con el impacto.

La fe se asocia con el escudo porque puede que Dios nos pida que vayamos a lugares o digamos cosas que nos dejan expuestos a la crítica o a posible fracaso. Sería tonto de nuestra parte que tratáramos de triunfar por nuestros medios. Cuando escogemos obedecer, caminamos por fe. Nos movemos esperando que Dios venga a ayudarnos en las esferas que sabemos que somos incapaces de manejar. La fe, entonces, es nuestra defensa contra el temor, la inseguridad, la ansiedad y cualquier cosa que no nos deje actuar en obediencia a Dios.

Lo próximo que Pablo menciona es el yelmo: "Y tomad el yelmo de la salvación." El yelmo era la pieza más costosa y adornada de la armadura de un soldado. Estaba diseñado para proteger la cabeza.

Yo creo que aquí se insinúan dos ideas. Primero, el yelmo era la pieza de la armadura que atraía más la atención por su diseño elaborado. En la misma forma, nuestra salvación eterna es aquello en nosotros que debe llamar la atención de la gente, y por lo cual debemos estar más agradecidos. Jesús lo dijo bien claro en Lucas 10:20: "Pero no os regocijéis de que los espíritus se os sujetan, sino regocijaos de que vuestros nombres están escritos en los cielos."

Una segunda idea implicada aquí en este paralelo tiene que ver con la mente. En la mente es donde la mayoría de nuestras batallas se ganan o se pierden. Es ahí donde se toma la decisión final de si vamos a obedecer o no. Somos salvados de la tentación cuando escogemos con nuestra mente ser obedientes. Así como el yelmo protegía la cabeza del soldado, nuestra salvación nos da la posibilidad de decir sí a Dios y no al pecado. Y al hacerlo, somos salvados, en un sentido temporal, del hecho y consecuencias del pecado.

Y por último, Pablo se refiere al arma principal ofensiva del soldado romano, la espada: "Y la espada del Espíritu, que es la palabra de Dios." La espada romana estaba diseñada para combate cuerpo a cuerpo. Era más bien una daga que lo que nosotros llamaríamos una espada.

La Palabra de Dios es vista como una espada por su poder de vencer el ataque violento del enemigo. En el próximo capítulo expondremos cómo ocurre esto. Basta decir que la Palabra de Dios hace que Satanás y a sus huestes huyan buscando refugio.

Un soldado romano no hubiera soñado con ir a la batalla sin cada pieza de su armadura bien colocada y lista para la acción. No tener puesta la armadura hubiera significado la muerte. Pablo, entendiendo el día en que vivía, sabía que los creyentes de Efeso no se atrevían a entrar en la batalla espiritual en la que estaban involucrados sin estar igualmente preparados.

Preparándose para la batalla

Ahora, he aquí la parte que usted puede ser "tentado" a pasar por alto. Yo me he hecho el hábito de ponerme la armadura de Dios todas las mañanas antes de levantarme, ¡encima de mi ropa de dormir! Recuerde, ésta es una armadura espiritual. Por lo tanto, hay que ponérsela por fe. Pablo entendió que la batalla espiritual era difícil de comprender. Así que él nos dio una ilustración a través de su descripción del soldado romano. Usando esa imagen mental como una guía, nos podemos preparar en forma adecuada para la batalla. Pero se hace por fe, no por vista.

La mejor manera de explicar eso es contarle la rutina que sigo cada mañana. Usted no tiene que hacerlo igual que yo. Pablo no nos dejó direcciones de cómo ponernos la armadura por fe. No hay una forma correcta y otra incorrecta. Simplemente él dijo: "Vestíos."

Cada mañana, cuando me despierto digo algo así:

Buenos días, Señor. Gracias por asegurarme victoria hoy si sigo tu plan de batalla. Así que por fe reclamo victoria sobre_____. (Normalmente nombro las cosas o problemas que deberé enfrentar ese día.)

Para prepararme para la batalla que viene, por fe me pongo el cinto de la verdad. La verdad acerca de ti, Señor, que tú eres un Dios soberano que sabes todas las cosas acerca de mí, tanto mis puntos fuertes como mis puntos débiles. Señor, tú sabes mis flaquezas y has prometido no permitir que sea tentado más allá de lo que puedo soportar. La verdad acerca de mí, Señor, es que soy una criatura nueva en Cristo y he sido libertado del poder del pecado. El Espíritu Santo vive en mí, y me guiará y me advertirá cuando el peligro se aproxima. Soy tu hijo, y nada puede separarme de tu amor. La verdad es que tienes un propósito para mí en este día, alentar a alguien, compartir con alguien, amar a alguien.

Lo siguiente Señor, deseo por fe ponerme la coraza de justicia. Por medio de ésta guardo mi corazón y mis emociones. No permitiré que mi corazón se apegue a nada que sea impuro. No permitiré que mis emociones dirijan mis decisiones. Las afirmaré en lo que es correcto, bueno y justo. Viviré hoy por la verdad y no por lo que siento.

Señor, en esta mañana me pongo las sandalias del evangelio de la paz. Estoy disponible para ti, Señor. Envíame donde tú quieras. Guíame a aquellos que necesitan ánimo o ayuda. Usame para resolver conflictos dondequiera que surjan. Haz que mi presencia lleve calma en cada circunstancia donde tú me pongas. No tendré prisa ni apuro, pues mi horario está en tus manos. No dejaré rastro de tensión ni de temor. Dejaré huellas de paz y estabilidad dondequiera que voy.

Ahora tomo el escudo de la fe, Señor. Mi fe está en ti y solamente en ti. Sin ti nada puedo hacer. Contigo, todo lo puedo. Cualquier tentación que venga a mi camino no puede penetrar tu mano protectora. No temeré, porque tú vas conmigo a través de todo este día. Cuando soy tentado, clamaré mi victoria en alta voz de antemano, porque tú has prometido victoria a aquellos que andan en obediencia a tu Palabra. Así que por fe clamo victoria aun ahora al orar. Señor, ya tú sabes cuáles son las tentaciones y has provisto la salida.

Señor, por fe me pongo el yelmo de la salvación. Tú sabes cómo Satanás bombardea mi mente día y noche con malos pensamientos, dudas y temores. Me pongo este yelmo que me protegerá la mente. Puede ser que sienta el impacto de su ataque, pero nada puede penetrar este yelmo. Yo me propongo detener cada pensamiento impuro y negativo que me venga a la mente. Y con el yelmo de la salvación esos pensamientos no seguirán adelante. Me propongo llevar cada pensamiento cautivo; permaneceré en lo que es bueno y agradable a ti.

Por último, tomo la espada del Espíritu que es tu Palabra. Gracias por el precioso regalo de tu Palabra. Es fuerte y poderosa y capaz de vencer aun los ataques más fuertes de Satanás. Tu Palabra dice que no tengo la obligación de obedecer los deseos de la carne. Tu Palabra dice que yo estoy libre del poder del pecado. Tu Palabra dice que el que está en mí es más grande que el que está en el mundo. Así que por fe, tomo la fuerte y poderosa espada del Espíritu, que es capaz de defenderme en tiempos de ataque, confortarme en tiempos de tristeza, enseñarme en tiempos de meditación, y permanecer contra el poder del enemigo en bien de otros que necesitan la verdad para ser liberados.

Así que, Señor, ahora me regocijo porque me has escogido para representarte a ti en este mundo donde reinan la muerte y la perdición. Que otros puedan ver a Cristo en mí, y que Satanás y sus huestes tiemblen cuando tu poder se manifieste en mí. En el nombre de Jesús.

Amén.

Ahora, permítame formularle una pregunta. ¿Puede imaginarse una manera mejor de comenzar su día? Algunos pueden responder: "Usted se está preparando mentalmente." A lo cual yo respondo: "Exactamente." Pero no estoy preparándome la mente diciéndome a mí mismo un montón de mentiras para aparentar algo que no soy o para tener más confianza en mí mismo. No estamos buscando tener confianza en sí mismo; es la confianza de Cristo, confiar en Cristo y en su poder a través de nosotros. Seguro, suena como prepararse para inspirar, para elevar las emociones, pero es verdad, y tenemos que afirmar nuestra mente y emociones en lo que es verdadero.

Puede ser que mi fórmula no sea para todos. Aun estoy debatiendo si debo poner este capítulo en el libro. Pero quiero que usted viva una vida victoriosa. Y si no se pone toda la armadura de Dios, no podrá nunca alcanzar la victoria. Nadie puede lograrla sin dicha armadura.

La fe es capaz de imaginar de antemano lo que Dios va a hacer. Descansando en su cama, poniéndose cada pieza de la armadura y pensando en el significado de cada una de ellas, yo ejercito mi fe. Es la fe bíblica. Fe en lo que Dios ha hecho como también en lo que ha prometido.

Lo primero debe ser primero

El domingo es un día tan ocupado para mí que a menudo me quedo en la iglesia todo el día. Cuando planeo hacer esto, siempre llevo ropa para el servicio de la noche. Más veces que las que puedo recordar, he olvidado algo, ya sean los calcetines, la corbata, o una camisa limpia. Afortunadamente, tengo una esposa maravillosa que siempre viene a rescatarme. Yo la llamo, y ella llega más temprano trayéndome lo que necesito.

No puedo imaginarme salir a predicar sin mis calcetines. Tampoco puedo imaginarme predicar sin camisa o sin zapatos. Sin embargo, he aprendido que me las arreglo mejor si me faltan algunas prendas de mi vestimenta exterior, que si me faltan algunas de las espirituales que Dios ha provisto.

Pablo no sugirió que nos pusiéramos toda la armadura de Dios. El *mandó* que lo hiciéramos. Medite en lo siguiente. ¿Ha pensado usted en la armadura en la forma en que yo la he explicado? ¿Ha tomado usted en serio este mandamiento? ¿O ha sido siempre un pasaje simple e interesante para estudiar y oír sermones acerca de él?

Una trama repetida en novelas de guerra, como también en películas recientes de ciencia ficción, ha sido el complejo militar o barco de guerra supuestamente impenetrable. Al desarrollarse la película hacia su punto culminante, alguien descubre el punto débil del sistema de defensa de la base o del barco. Entonces, todos trabajan en un plan para sacar provecho de la debilidad.

Esa fue la trama de la *Guerra de las Galaxias,* la primera película en la trilogía popular acerca del conflicto entre un grupo de héroes jóvenes y el Imperio del mal. Nadie que haya visto esa película olvidará las últimas escenas de los que peleaban disparando sus armas por una especie de desfiladero, en dirección al único lugar vulnerable, donde si se atacaba con un cohete, se podría destruir la base entera. ¿Recuerda el pánico de los del Imperio cuando descubrieron que eran vulnerables? Para entonces, era demasiado tarde para hacer algo para salvarse.

Satanás está maquinando en contra de cada uno de nosotros. Parte de esa maquinación es descubrir nuestra esfera de menos resistencia. Esa esfera en la que hemos bajado la guardia. El lugar que, si es atacado en el momento oportuno, nos producirá un descenso en picada. ¿Podemos movernos en la mañana sin primero prepararnos? ¿No es tonto pensar que contamos con todo lo necesario para resistir a Satanás y sus huestes sin ponernos toda la armadura?

Sé lo que usted está pensando. *Eso me tomará toda la mañana.* Se sorprenderá lo rápido que lo puede hacer. Puede que piense: *Bueno, yo oro y medito en la Biblia por las noches.* No estoy hablando de su tiempo devocional con el Señor. Además, ¿quién oyó de ponerse la armadura después de la batalla? Sus batallas comienzan en el momento en que despierta todas las mañanas. Es en ese momento que usted necesita ponerse la armadura.

Le pregunto nuevamente: ¿Está dispuesto a probar esto por siete días? Cuando por primera vez le presenté este desafío a mi congregación, no tenía idea de cuántas personas me tomarían en serio. Casi inmediatamente recibí informes acerca del resultado obtenido. Todavía recibo cartas de gente que oyó ese mensaje en cintas magnetofónicas y ha comenzado a prepararse para la batalla todas las mañanas antes de empezar las actividades del día. Si toma en serio alcanzar la victoria duradera sobre la tentación en su vida, recuerde el mandato: "Vestíos de toda la armadura de Dios, para que podáis estar firmes contra las asechanzas del diablo." A Pablo le dio buen resultado, lo mismo que a mí. Confío en que también haga una gran diferencia en su vida.

CAPITULO DIEZ

Manejando la espada

MI ENTRETENIMIENTO FAVORITO es la fotografía. Unas vacaciones ideales para mí es empacar mis cámaras y salir por un par de semanas a un safari fotográfico. He tenido el gozo de tomar fotografías en muchos países. En mi esfuerzo por aumentar mi habilidad como fotógrafo he aprendido algunas lecciones importantes. Una de ellas es que no hay problemas que sean exclusivamente míos. A pesar de las preguntas que tengo o las situaciones difíciles en las que me encuentro, algunos otros fotógrafos han luchado con el mismo dilema y generalmente han descubierto una solución. Hasta que me di cuenta de esto, dejaba que los problemas más simple me afectaran por semanas y a veces por meses.

Nunca olvidaré mi primer intento de revelar fotos en colores. ¡Qué desastre! Gasté cajas de papel de revelado con casi nada que mostrar por mis horas de labor; y más aún, nada de lo que pudiera estar orgulloso. Entonces encontré a un hombre que había estado trabajando en un laboratorio de fotos a colores por años. El me mostró lo que estaba haciendo mal, y en un par de horas estábamos revelando unas fotografías muy buenas.

Desde ese momento, comencé a estudiar mis interrogantes para descubrir cómo resolvían sus problemas los profesionales. Eso me libró de horas de frustración y me dejó tiempo para hacer lo que más me gusta que es tomar fotos.

¿Qué hizo Jesús?

Ahora, aplicamos esta misma forma de pensar al asunto de la tentación. Primero que nada, presentemos el problema: ¿Cómo resistimos la tentación? Segundo, ¿quién ha luchado con el mismo problema y bregado con éxito como también consecuentemente? El escritor de Hebreos nos da la respuesta a esa pregunta:

> Porque no tenemos un sumo sacerdote que no pueda compadecerse de nuestras debilidades, sino uno que fue tentado en todo según nuestra semejanza, pero sin pecado.
>
> Hebreos 4:15

Si Jesús es "el profesional", entonces haríamos bien en estudiar su estrategia de luchar con la tentación. Aunque extraño, el acercamiento de Jesús es tan honesto y simple que muchos creyentes tienden a pasarlo por alto. Otros, después de oírlo, dan las excusas más ridículas por qué no pueden seguir su ejemplo. Haciendo eso, sin embargo, se resignan a una vida de derrota.

Desafortunadamente, tenemos un solo pasaje claro en las Escrituras que describe el encuentro de Jesús con la tentación. Sabemos por el pasaje de Hebreos antes citado que él fue tentado más a menudo que eso, pero el Espíritu Santo no escogió incluirlo en los evangelios.

La tentación final

Mateo nos presenta el cuadro en los dos primeros versículos de esta narración:

> Entonces Jesús fue llevado por el Espíritu al desierto, para ser tentado por el diablo. Y después de haber ayunado

cuarenta días y cuarenta noches, tuvo hambre.

Mateo 4:1, 2

La última frase puede que sea la declaración más modesta de todos los tiempos: "Y después . . . tuvo hambre." Yo creo que debería decir "hambre intensa". El texto parece indicar que Cristo no estaba consciente de sus necesidades físicas durante este tiempo. G. Campbell Morgan hizo el siguiente comentario acerca de este período en la vida de Cristo:

> Note cuidadosamente que fue después de un lapso de cuarenta días que Jesús tuvo hambre. Parecería que al pasar los días, él estaba inconsciente de su necesidad física. Sus pensamientos habían estado en las cosas dentro de la esfera espiritual, y las demandas de lo físico no habían sido reconocidas. Al final de los cuarenta días el sentido de necesidad vino sobre él. Tuvo hambre.
>
> Las crisis de Cristo, Ediciones Hebrón, Vol. 2

Antes de proseguir con el resto de la historia, hagamos una pausa y pensemos. Cuarenta días sin alimento. Un mes y diez días. Es difícil para algunos de nosotros pasar sin comer una hora y diez minutos. No hay duda de que la razón para escoger incluir este pasaje particular de la tentación en las Escrituras es que probablemente no hubo otro tiempo en la vida terrenal de Cristo cuando fue más susceptible a la tentación. El estaba débil físicamente por no haber comido. Probablemente estaba agotado emocionalmente por su tiempo prolongado de oración. Si hubo un tiempo para tentar al Señor Jesús, fue ése, y Satanás lo sabía. Al mismo tiempo, si hay una forma de alcanzar la victoria al ser tentado en circunstancias como éstas, necesitamos conocerlas. Es dudoso que nosotros alguna vez nos encontremos en una situación más vulnerable.

"Y vino a él el tentador"

Mateo continúa:

> Y vino a él el tentador, y le dijo: Si eres Hijo de Dios, di que estas piedras se conviertan en pan. El respondió y

dijo: Escrito está: No sólo de pan vivirá el hombre, sino de toda palabra que sale de la boca de Dios.

Mateo 4:3, 4

Ahí terminó el primer asalto. Pero el diablo no se dio por vencido.

Entonces el diablo le llevó a la santa ciudad, y le puso sobre el pináculo del templo, y le dijo: Si eres Hijo de Dios, échate abajo; porque escrito está: A sus ángeles mandará acerca de ti, y, en sus manos te sostendrán, para que no tropieces con tu pie en piedra. Jesús le dijo: Escrito está también: No tentarás al Señor tu Dios.

Mateo 4:5-7

Y así terminó el asalto número dos.

Otra vez le llevó el diablo a un monte muy alto, y le mostró todos los reinos del mundo y la gloria de ellos, y le dijo: Todo esto te daré, si postrado me adorares. Entonces Jesús le dijo: Vete, Satanás, porque escrito está: Al Señor tu Dios adorarás, y a él sólo servirás. El diablo entonces le dejó; y he aquí vinieron ángeles y le servían.

Mateo 4:8-11

Esto es difícil de comprender. El Hijo de Dios, el Unico que sabe todas las cosas y tiene el poder para hacer todas las cosas, Aquel cuya Palabra estudiamos, aprendemos de memoria y meditamos, nunca hizo un comentario original durante toda la conversación.

El no dijo: "¿Qué quieres decir con eso de *si* soy el Hijo de Dios? Por supuesto que lo soy." El nunca se valió de su propio ingenio. Ni tampoco recurrió a su propio poder. Simplemente respondió con la verdad de la Palabra de su Padre. Eso fue suficiente. Nada original, nada especial. Sólo la pura verdad contra el engaño de cada propuesta de Satanás.

La lección es inequívocamente clara. Si el único que vivió una vida santa combatió la tentación con la Palabra de Dios, ¿cómo esperamos nosotros sobrevivir sin dicha Palabra? Me alegro mucho de que no le ganara en una batalla mental a Satanás. Yo he probado hacerlo así y he fracasado rotundamente. Me alegro de que Jesús no discutiera sobre la tentación con Satanás y lo hubiera resistido en esa forma. Eva trató eso, y no le dio resultado. Me alegro de que Jesús no usó su fuerza de voluntad, aunque me imagino que pudiera haberlo hecho. Mi fuerza de voluntad es de poco valor cuando Satanás comienza a ejercer presión. Jesús, verbalmente, confrontó a Satanás con la verdad y, finalmente Satanás se dio por vencido y se fue.

El poder de la Palabra

Hay cuatro razones fundamentales por las que un pasaje o versículo de la Escritura bien escogido es tan eficaz en contra de la tentación. Primero de todo, la Palabra de Dios expone lo pecaminoso de lo que está siendo tentado a hacer. Esto es extremadamente importante porque una de las trampas más sutiles de Satanás es convencerlo de que lo que ha sido tentado a hacer no es tan malo después de todo. ¿Qué hay de malo en convertir una piedra en pan si tiene hambre y tiene el poder para hacerlo? No hay ley en contra de eso. ¿Qué hay de malo en las relaciones sexuales? ¿Usted la ama, no es cierto? No hay nada malo en dejar fuera esa entrada al presentar su planilla de impuestos; el gobierno le toma demasiado de su dinero después de todo.

Satanás tiene una forma muy suave de explicar el pecado. Una vez que usted haya puesto a la tentación bajo el escrutinio de la Palabra de Dios, la expone por lo que es, una mentira. La mentira detrás de la primera propuesta a Jesús fue: "Jesús, tú tienes el derecho de satisfacer tus necesidades dadas por Dios cuando lo veas apropiado. Tú tienes hambre ahora, ¡así que come!" Satanás estaba tentando a Jesús a tomar las cosas en sus propias manos a base de sus necesidades personales. La respuesta le trajo a luz el motivo detrás de la propuesta de Satanás. En esencia, Jesús dijo: "Mi responsabilidad final no es simplemente satisfacer mis necesidades físicas, sino obedecer a mi Padre en el cielo." La verdad de la Palabra de su Padre mostró lo pecaminoso de la propuesta de Satanás.

Muy a menudo, las cosas que lo tientan no parecen dañinas. No es hasta que usted hace brillar la verdad de la Palabra de Dios en esas tentaciones que ve lo que realmente está en juego. La Palabra de Dios lo lleva al mismo corazón del asunto y le permite ver las cosas por lo que realmente son.

La perspectiva divina

Una segunda razón por la cual la Palabra de Dios es tan eficaz contra la tentación es que usted percibe el punto de vista de Dios a través de ella. Las Escrituras le dan una perspectiva divina sobre la tentación que usted está enfrentando como también de su relación con ella.

Como muchas tentaciones conllevan un fuerte golpe emocional, usted tiende a concentrarse en sus sentimientos. Percibe la tentación como algo que es una parte de usted, más bien que algo que le pasa a usted. Cuando usted se identifica con los sentimientos que evoca la tentación, le es cada vez más difícil responder correctamente. La verdad de la Escritura le permite ser más objetivo en cuanto a las tentaciones que enfrenta. La Palabra de Dios lo capacita para ver la tentación por lo que es. Le permite alejarse mentalmente lo suficiente como para luchar con la tentación con éxito.

El principio de la sustitución

Otra razón para ir a la Palabra de Dios en tiempo de tentación es lo que un pastor llama el principio de la sustitución. Este principio está basado en la proposición de que es imposible *no* pensar en algo. Por ejemplo, pare de leer por un momento y trate lo mejor que pueda de no pensar acerca de tener un ataque de delirium tremens. Es imposible. Usted no puede evitar pensar en algo. Lo que tiene que hacer es enfocar su atención en algún otro lugar cuando sus pensamientos son dominados por un tema atractivo.

Es claro que los pensamientos pecaminosos que acompañan la tentación tienen que ser nuevamente dirigidos, y cuando usted vuelve su atención a la Palabra de Dios durante la tentación, hace eso. No hay duda de que Pablo tenía esto en la mente cuando escribió:

Por lo demás, hermanos, todo lo que es verdadero, todo
lo honesto, todo lo justo, todo lo puro, todo lo amable,

todo lo que es de buen nombre; si hay virtud alguna, si algo digno de alabanza, en esto pensad.

Filipenses 4:8

El expresó la misma idea en Colosenses cuando manifestó:

Poned la mira en las cosas de arriba, no en las de la tierra.

Colosenses 3:2

Si usted no desvía su atención de la tentación, puede ser que comience alguna forma de diálogo mental: *En verdad yo no debiera hacer eso. Pero no lo he hecho por mucho tiempo. Realmente me voy a odiar más tarde. ¿Por qué no? Ya he fallado de todos modos. Lo haré sólo esta vez, y mañana comenzaré de nuevo.* Cuando usted permite que estas pequeñas discusiones comiencen, se hunde. Mientras más hable, más tiempo tiene la tentación de afirmarse en sus emociones y voluntad.

Usted tiene que usar la Palabra de Dios para quitarse la tentación al instante. Tan pronto como los pensamientos entran en su mente, tiene que volver esos pensamientos en la dirección de la Palabra de Dios. El error más grande de Eva fue discutir con Satanás. Ella pudo haberle repetido lo que Dios le mandó y entonces dejarlo. En lugar de eso se puso a discutir.

La fe

La cuarta razón por la que la Palabra de Dios es tan eficaz contra la tentación es que usted expresa fe cuando vuelve su atención a la Biblia. Dice: "Yo creo que Dios es capaz de sacarme de esto; creo que él es más poderoso que el poder del pecado, mi carne y el mismo Satanás." Nada impulsa a Dios como la fe activa de su pueblo.

Construyendo un arsenal

La mayoría de los creyentes encuentran la discusión anterior muy convincente, y probablemente no muy original. La narración de la tentación de Jesús es convincente en sí misma, sin comentario.

Así que, ¿por qué tantos creyentes continúan quejándose sobre su incapacidad de luchar con la tentación y al mismo tiempo disculpan su ignorancia de la Palabra de Dios? "Yo no la entiendo. No puedo aprender de memoria versículos bíblicos. No tengo tiempo."

No hay buenas excusas. Todo viene a parar a una cosa: negligencia. Somos muy indolentes para llenar el arsenal de nuestras mentes con esas verdades que necesitamos para combatir las mentiras del enemigo. Y por consiguiente, cuando él ataca, somos destruidos totalmente.

Hay tantos libros, seminarios y cursos de estudio disponibles sobre cómo entender la Biblia, que tomaría toda la vida usarlos. Sin embargo, la mayoría de los creyentes rehúsan hacer tiempo para remediar su ignorancia.

Mi hijo Andy trabaja con los jóvenes de nuestra iglesia. Todos los años, él enseña un curso para ayudar a los adolescentes a tener un tiempo devocional eficaz. Parte de ese entrenamiento incluye aprender de memoria versículos bíblicos y meditar en ellos. Cada año él escucha la misma excusa: "No puedo entender la Biblia." El responde a esta excusa en la siguiente forma:

> Imagínate que mañana la muchacha más bonita de tu colegio (o el joven más elegante si le está hablando a una muchacha) viene a ti y te dice: "Oye, te he estado observando, y me pareces simpático. Me gustaría que vinieras a comer mañana a mi casa. Aquí está el mapa. Te veré mañana alrededor de las 7:00." Cuando ella se va, tú no lo puedes creer. Es demasiado bueno para ser verdad. Rápidamente buscas un lugar, extiendes el mapa para ver dónde vive ella. Es la cosa más desordenada que has visto en tu vida. No puedes entender el mapa. ¿Cuántos de ustedes dirían: "Qué lástima, no puedo entender el mapa. Creo que no voy"? ¿Cuántos de ustedes harán lo que tengan que hacer para entender el mapa?

En ese momento todos en el grupo levantan la mano.

> ¿Por qué pasar tanto tiempo tratando de leer un mapa para ir a la casa de una muchacha, y cuando hablamos de la Palabra de Dios, leemos unos cuantos versículos y

cuando no entendemos algo nos cansamos y no leemos más?

El punto que destaca su ilustración es simple. Hacemos lo que queremos hacer. Cuando nos hemos convencido de la importancia de una labor, generalmente podemos planear la manera de hacerla. Nuestro problema con aprender la Palabra de Dios no es el tiempo, conocimiento o educación; es el problema de las prioridades.

Conozco a creyentes que pasan horas armando rompecabezas, pero declaran que no tienen tiempo para estudiar la Palabra de Dios. Seamos realmente prácticos. Si usted pasa dos horas al día mirando televisión y diez minutos cada día leyendo la Palabra de Dios, ¿cuál cree usted que va a tener mayor impacto en su vida?

Jesús tenía la verdad que necesitaba fresca en su mente. Sólo estaba a un pensamiento de distancia. El no luchó por sacar de la memoria versículos aprendidos en la niñez. "Espera un momento. Yo aprendí un versículo sobre eso hace mucho tiempo. Déjame ver, decía algo así . . . ." ¿Suena familiar?

Para combatir eficazmente los fuertes ataques del enemigo, usted necesita un arsenal de versículos en la punta de la lengua. Versículos que le son tan familiares que le vienen a la mente sin ningún esfuerzo consciente de su parte. Si tiene que sacarlos de las cavernas de su memoria, no le harán ningún bien. No hay tiempo para eso en medio de la tentación.

Cambiar la mentira por una verdad

El proceso de aprender de memoria las Escrituras nunca es fácil, pero la mayoría de las cosas en la vida dignas de tener, cuestan algo. Algunas sugerencias lo harán más fácil para usted. Primero que nada, seleccione versículos que enfocan las esferas en las que es tentado con más frecuencia. Al final de este capítulo he escrito una lista de algunas clases de tentación con pasajes correspondientes de la Escritura.

Todos los hombres, por ejemplo, debemos tener varios versículos en la punta de la lengua que tengan que ver con los apetitos carnales o la inmoralidad. A cada paso somos bombardeados con la promesa de placer por medio del sexo ilícito. ¡Qué mentira! Sin embargo, todos nosotros tenemos la capacidad de ceder a esa manera de pensar y, entonces, caer.

Todos debemos tener un versículo a mano para el chisme. Es tan fácil participar en conversaciones sin propósito sobre otras personas. Tan pronto como oye a alguien comenzar lo que puede ser un chisme, debe recordar lo siguiente: "Si alguno se cree religioso entre vosotros, y no refrena su lengua, sino que engaña su corazón, la religión del tal es vana" (Santiago 1:26). Debe ser así de natural.

Todos necesitamos un versículo que nos recuerde de nuestro deber cristiano de obedecer las leyes puestas por nuestro gobierno. Cuando somos tentados a violarlas, necesitamos recordar que ésa es la voluntad de Dios para nosotros. "Por causa del Señor someteos a toda institución humana, ya sea al rey, como a superior, ya a los gobernadores, como por él enviados para castigo de los malhechores y alabanza de los que hacen bien" (1 Pedro 2:13-15).

¿Sabe por qué quiere Dios que obedezcamos la ley? No es porque todas son leyes buenas. Tenemos que cumplir las leyes por el bien del testimonio. Hacer lo contrario es ser un hipócrita. Otra vez, la verdad de la Palabra de Dios expone las mentiras de Satanás. El dice: "Ve y viola la ley. Todo el mundo lo hace. Es una ley necia de todos modos. Además, ¿no dice la Biblia algo sobre ser libre de la ley?" Pero el argumento de Satanás se derrumba bajo el escrutinio de la Palabra de Dios.

No se ponga metas inalcanzables

Otra cosa que debemos recordar cuando aprendemos de memoria la Escritura es comenzar fijando metas pequeñas. Un versículo a la semana es suficiente al principio. A menudo después de leer un libro sobre el aprendizaje de memoria de las Escrituras o de escuchar el testimonio de alguien concerniente a esto, comenzamos con la intención de aprendernos de memoria todo el Nuevo Testamento. Después de unos cuatro versículos, nos desalentamos y abandonamos el proyecto.

Recuerde el propósito en todo esto. Aprender de memoria las Escrituras no es la meta final. Es sólo un medio para alcanzar un fin. La razón para aprender de memoria la Biblia es proveerle a usted de un arsenal para usarlo la próxima vez que Satanás lo ataque.

Un pastor cuenta una historia graciosa sobre un niño en su iglesia que había aprendido de memoria todo el Nuevo Testamento. El podía citar el texto y también la referencia. Usted podía decirle a este niño: "Efesios 4:9", y comenzaba y seguía desde ahí.

En el transcurso del tiempo, alguien notó que comenzó a faltar dinero de la ofrenda en la clase de los jóvenes. De seguro, los adultos descubrieron que un niño que sabía la mitad de la Biblia estaba robando el dinero del plato de la ofrenda. Al pastor se le dio la responsabilidad de confrontarlo.

En un intento sincero de manejar las cosas en una manera bíblica él se sentó con el niño y le dijo: "Tú sabes que la Biblia dice . . . ", y le citó un versículo sobre robar. ¡Rápidamente el niño miró al pastor y le dijo que él había citado mal el versículo! Al seguir la conversación, se hizo claro que el muchacho olvidaba la conexión entre lo que la Escritura dice y su acción de tomar el dinero del plato de la ofrenda. Todo eso es para decir que aprender de memoria las Escrituras no es suficiente. Es simplemente uno en una serie de pasos. La meta final es tener la verdad lista para usarla en el instante en que se necesite.

Repase una y otra vez

La única manera de mantener algo fresco y garantizar que se ha hecho parte duradera de su memoria es repasarlo. La manera más sencilla que yo sé para desarrollar un sistema de repaso es usar tarjetas de índice. De esa manera usted puede tener todos sus versículos juntos. Cuando tiene unos minutos entre mandados y labores, pueda sacarlos y repasarlos.

Varias compañías venden programas para aprender de memoria las Escrituras. Algunos de éstos vienen con un sistema de repaso. Lo que usted encontrará, sin embargo, es que los versículos que corresponden con las tentaciones que enfrenta le quedan más rápido en la memoria. Yo he usado algunos versículos tantas veces que los puedo citar sin concentrarme. Estos son los versículos con los que cuento cada día. Para los versículos que usted no usa tan a menudo, necesita un sistema de repaso.

Piense en lo siguiente. Si usted aprende de memoria un versículo a la semana por un año, y aun dejando dos semanas para vacaciones, son cincuenta versículos en un año. Son más versículos que la mayoría de los creyentes aprenden en toda la vida. Sólo piense sobre cuán lejos habría llegado si hubiera comenzado el año pasado por este tiempo. Si no comienza ahora, el año que viene mirará atrás y deseará haber empezado.

Un asunto personal

Otra cosa que le sugeriría es que personalice la Escritura que aprende de memoria. Personalizar la Escritura la hace viva. Sustituya el nombre suyo o el pronombre personal como *ustedes* y *nosotros*. "Gracias Señor, que yo no estoy bajo la obligación con mi carne de obedecer sus deseos." Señor, yo decido poner mi mente en las cosas de arriba y no en las cosas de la tierra, porque he muerto y mi vida está escondida con Cristo en Dios." "Señor, estoy poniendo todas mis cargas en ti, porque yo sé que tú me amas."

"Clame al nombre del Señor"

Una última sugerencia es adoptar el hábito de citar estos versículos en voz alta cuando soy tentado. Esto puede parecer raro al principio, pero hay buenas razones para hacerlo. Primero, yo no creo que Satanás y sus huestes pueden leer nuestras mentes. Pueden poner pensamientos en ellas, pero la Escritura no indica que ellos las pueden leer.

Si eso es verdad, simplemente pensar en un versículo no presenta amenaza al enemigo. Puede que le ayude a usted a reenfocar su atención y por lo tanto aliviar la presión por un tiempo. Pero en términos de realmente desafiar al diablo y ponerlo en su sitio, no estoy convencido de que repasar la Escritura mentalmente hace mucho bien.

La segunda razón referente a hablar la verdad en voz alta es que cambia el punto de tensión de un conflicto interno a uno externo. A través de todo este libro, me he referido a nuestra tendencia a encerrar emocionalmente la tentación y poseerla como parte de nuestro ser, para pensar erróneamente, *ésta es la manera como yo soy. Si así no fuera, ¿por qué me sentiría de esta forma?* Cuando dice la verdad en voz alta, se le recuerda que *usted* no es su propio enemigo. Y el que está en usted no es su enemigo. Su enemigo es el diablo. El ruge alrededor como un león buscando a quien devorar (1 Pedro 5:8). Satanás odia ser reconocido. El preferiría que usted circunscribiera la batalla a su intimidad para él quedar anónimo.

Hay ocasiones en que nosotros somos nuestro peor enemigo. Este es ciertamente el caso cuando ignoramos el principio bosquejado en el capítulo 8 y tomamos decisiones irresponsables. Pero aun en esos casos, he descubierto una tremenda ayuda en hablar la verdad en voz alta.

Quiero aclarar que no estoy hablando de gritar a voz en cuello. Hay ocasiones cuando usted simplemente tendrá que decirlo en secreto. Puede ser que se sienta ridículo la primera vez que haga esto, pero notará una diferencia inmediata cuando lo hace.

Cuando usted habla la verdad en voz alta, es como si se hubiera puesto del lado de Dios en contra del enemigo. Cuando yo comienzo a hablar la verdad en voz alta, a menudo siento el valor y la convicción en todo mi ser. Generalmente esto se vuelve gozo, y lo que comenzó como una cosa mala se convierte en tiempo de alabanza y regocijo. Si no me cree, pruébelo.

La última razón por la que pienso que es una buena idea hablar en voz alta cuando somos tentados es que Jesús lo hizo. ¿Necesito decir más?

¿Conformado o transformado?

Cuando usted se da a la tarea de edificar un arsenal de versículos, estará en el proceso de hacer algo más, que es renovar su mente. Renovar algo consta de un proceso de dos etapas. Conlleva quitar lo viejo y poner lo nuevo. Cuando usted satura su mente con la verdad de la Palabra de Dios de tal forma que puede desarraigar cualquier error que no lo deja tener victoria, está renovando su mente.

La importancia de este proceso no se puede recalcar demasiado. Le guarda de caer presa de la tentación y lo protege de que el mundo le lave el cerebro. De esto hablaba Pablo cuando escribió:

> No os conforméis a este siglo, sino transformaos por medio de la renovación de vuestro entendimiento, para

que comprobéis cuál sea la buena voluntad de Dios, agradable y perfecta.

Romanos 12:2

La manera de defendernos para no ser como el mundo es renovar nuestra mente. Dondequiera que nos tornamos encontramos que nos piden que adoptemos una forma de pensar que es contraria a las enseñanzas de Cristo y de su iglesia. A menos que usted y yo realicemos un esfuerzo consciente para combatir la furia de dicha propaganda, caeremos víctima de su veneno debilitador.

¡Comience ahora mismo!

Yo espero que usted no espere hasta que termine de leer este libro para comenzar a desarrollar su arsenal de versículos bíblicos. Eso es lo que Satanás quisiera que haga. ¿Por qué? El quiere que usted se olvide. He anotado varias categorías de cosas con las cuales la mayoría de nosotros luchamos, y he incluido algunos versículos para ayudarlo a comenzar. Comience con la esfera que más problemas le da. Luego trabaje en las demás esferas. No comience muy rápido. No se dé por vencido aunque haya interrumpido este aprendizaje por dos semanas. Y sobre todo, recuerde, si el perfecto, santo, soberano Hijo de Dios se apoyaba en la Palabra de Dios para salir adelante, ¿qué esperanza tiene usted sin ella?

Cambiar la mentira por una verdad

Cualquier tentación que parezca insoportable
    —1 Corintios 10:13.
La tentación a chismear
    —Santiago 1:26.
La tentación a la lujuria
    —Salmo 119:9; Proverbios 6:24-33; Gálatas 6:7, 8;
    Colosenses 3:2, 3.
La tentación a sentir temor
    —Salmo 56:3; Juan 14:1.

La tentación de pensar que se está saliendo con la suya en cuanto al pecado

—2 Corintios 5:10; Gálatas 6:7, 8.

Cuando se siente afligido por las circunstancias

—Juan 16:33.

La tentación de involucrarse en cosas discutibles

—2 Corintios 5:9.

La tentación de no hacer las cosas correctas

—Efesios 5:15, 16.

La tentación de no obedecer a los padres

—Efesios 6:1-3.

La tentación de desobedecer la ley

—1 Pedro 2:13-15.

La tentación de hacer cosas que dañan el cuerpo

—1 Corintios 6:19, 20.

CAPITULO ONCE

No actuemos como el Llanero Solitario

UNA DE LAS GRANDES verdades de la fe cristiana es que cada creyente tiene la oportunidad de desarrollar una relación personal con Dios a través de Jesucristo. Esta es una de las diferencias más significativas entre el cristianismo y otras religiones establecidas del mundo. Sin embargo, esta verdad, como cualquier otra, tiene la posibilidad de ser negativa, cuando se distorsiona y se saca del lugar que le corresponde de acuerdo a la Palabra de Dios.

Es cierto que cada uno de nosotros puede acercarse a Dios en forma independiente. El oye y contesta nuestras oraciones. Es cierto que él puede darnos poder para tratar con las dificultades en esta vida, y que su gracia siempre es suficiente. Pero nunca fue la intención de Dios que ninguno de nosotros actuara como un Llanero Solitario espiritual. En ningún punto, la intimidad de nuestro caminar con Dios nos exime de nuestra responsabilidad espiritual y relación con el cuerpo de Cristo como un todo. Tal independencia no da resultado en un cuerpo físico; tampoco dará resultado en la iglesia del Señor Jesucristo.

La etapa final

La etapa final en el desarrollo de una defensa propia contra la tentación es el rendir cuentas. Hablando en términos, el rendir cuentas es el deseo de la persona de proveer una explicación de sus actividades, su conducta y el cumplimiento de sus responsabilidades. Todos nosotros debemos darle cuentas a alguien. En el trabajo, usted debe rendirle cuentas a su jefe o a algún directorio. Se espera que cumpla ciertas tareas en determinado horario. Como su patrón lo empleó y le está pagando por su trabajo, él tiene el derecho de pedirle cuentas. Si cree que usted no está trabajando bien, su patrón tiene el derecho de confrontarlo y pedirle una explicación.

Todos nosotros nos podemos identificar con este tipo de responsabilidad de rendir cuentas. La mayoría de nosotros empezamos a aprender esa lección cuando comenzamos nuestro primer trabajo. Pero el rendir cuentas en las esferas moral y ética, es algo en lo que no piensa la mayoría de la gente. Parece apropiado dejar esta esfera de la defensa propia para tratar al final, no porque sea la menos importante, sino porque es la más descuidada. Esto no nos debe extrañar. ¿Quién desea admitirle pecados secretos a otra persona? ¿Quién desea aparecer débil? ¿Quién desea ser criticado? La idea de darle a alguien una explicación de mi conducta moral me parece un poco extraña. "¡Eso no le incumbe a nadie! Es entre el Señor y yo." Pero, ¿es así realmente?

Erróneamente hemos llegado a creer que como tenemos una relación personal con el Dios que promete ayudarnos cuando somos tentados, debemos omitir cualquier mención de ese aspecto de nuestra vida al resto de nuestras relaciones. Después de todo, la tentación es una cosa privada. *Puede ser que la tentación sea una cosa privada, pero raramente el pecado lo es.* Finalmente, el pecado alcanza más allá de los confines de una sola vida y toca las vidas de todos los que están alrededor. Pregúntele a una mujer cuyo marido la ha dejado por otra. La tentación privada de ese hombre finalmente vino a ser de conocimiento público. Pregúntele al esposo cuya esposa ha luchado privadamente con la bebida, pero finalmente esto llegó a ser fuente de vergüenza para toda la familia. Pregúnteles a los padres de un adolescente cuya lucha privada con el fracaso lo llevó al suicidio. ¿Y qué diremos sobre las innumerables familias que lo perdieron todo por causa de la lucha privada del padre con las drogas y el juego? Claro, la tentación es un asunto privado, pero el pecado nunca lo es.

La pregunta que en realidad debemos formularnos es: ¿Quién va a averiguarlo y cuándo? "Pero mi tentación es tan pequeña, que de ninguna manera se tornará en un escándalo público." Sólo recuerde, cada persona cuyo pecado llegó a ser de conocimiento público pensó lo mismo. Nadie anticipó el daño que puede provocar a otros. Satanás hace todo lo posible por mantener ese pensamiento alejado de su mente.

La eficacia del rendir cuentas

Específicamente, lo que estamos hablando aquí es de una relación con una persona o un grupo pequeño de personas con quienes usted pueda compartir cualquier cosa: sus heridas, sus temores, sus tentaciones, sus victorias y aun sus derrotas. Tiene que ser una relación de honestidad, de franqueza y, sobre todo, de absoluta confianza. Más adelante en este capítulo hablaremos sobre las características de una relación de dar cuentas en la esfera espiritual, pero a esta altura yo deseo explicar por qué este concepto es tan eficaz contra la tentación.

Las tentaciones continuas llevan consigo gran tensión emocional. Esto resulta de la lucha interna y de la culpa una vez que cedemos. Una relación de rendir cuentas en la esfera espiritual provee una salida para esos sentimientos y frustraciones que de otra manera no tienen otro escape. En realidad, parte del engaño del pecado es que sentimos que la única manera de bregar con la presión interna que estamos experimentando es seguir adelante y pecar. El pecado, sin embargo, sólo complica el problema. Entonces tenemos que luchar con la culpa y la posibilidad de que otros se enteren. Pronto, la frustración interna surge de nuevo.

Tener a alguien en quien podamos descargar nuestra amargura nos provee un sustituto temporal para la frustración que sentimos como también para el pecado que estamos tentados a cometer. Yo digo "temporal" porque hasta que tratemos con las raíces del problema, la presión y la frustración finalmente volverán. En este aspecto, una relación de rendir cuentas en la esfera espiritual sirve como un punto de transición.

Muchas veces en mi vida, me he sentido tan frustrado por la forma en que marchaban las cosas en la iglesia o en mi hogar, que lo único que quería hacer era huir. En momentos como ésos, no sólo recurro al Señor, sino también a mis amigos. Comparto con ellos cómo me siento, lo que me gustaría hacer, adónde me gustaría ir. Generalmente cuando termino de hablar, ya estoy bien. No necesito que ellos digan nada. Me es suficiente con saber que me escucharán con mente y corazón abiertos. La mayoría de las veces hay ciertas cosas con las cuales hay que tratar en las esferas que me causan frustración. Pero después de derramar mi corazón, esas cosas me parecen más manejables que antes.

Yo creo que la mayoría de las relaciones sexuales extramaritales tienen muy poco que ver con el sexo en sí. Las presiones en el hogar y en el trabajo aumentan, y los hombres y las mujeres quieren eximirse de sus responsabilidades. Al mismo tiempo, todo el mundo desea intimidad. Y como nada destruye la intimidad tanto como la tensión, la primera inclinación es buscar intimidad nueva en algún lugar, en un lugar que esté libre de tensión.

Todo el mundo necesita a alguien a quien recurrir, alguien que escuche, ore y ofrezca consejo sabio en tiempo de necesidad. Las personas que tienen a alguien así encontrarán más fácil tratar con la tentación, porque tienen una alternativa.

Usted no es el primero

Hay una segunda razón por qué una relación de rendir cuentas en la esfera espiritual ayuda en la lucha con la tentación. El apóstol Pablo lo señala cuando escribe:

> No os ha sobrevenido ninguna tentación que no sea humana.
>
> 1 Corintios 10:13

No importa con lo que esté luchando, usted no es el primero que pasa por esa situación. Otros ya han andado por ese camino. ¡Y probablemente escribieron un libro sobre eso! El punto es, sus luchas no son únicas. Una y otra vez yo he revelado mi corazón ante otros hombres esperando que se sorprendieran. En vez de eso, sólo se han sonreído y me han dicho: "¿Usted también?" Saber que no está sólo quita parte de la tensión.

Algunas parejas que vienen a verme para recibir asesoramiento prematrimonial comparten las luchas que tienen en la esfera de la intimidad física. A menudo, la culpa que sienten o aun el tener la lucha nubla su habilidad para tratar con el problema racionalmente. Yo he aprendido que una de las cosas que más ayuda es ponerlos al lado de una pareja recién casada. Yo les animo a que hablen sobre el tiempo del compromiso, y finalmente surge el tema de la intimidad física. Cuando la pareja recién casada comparte la lucha que tenía en esa esfera, la pareja comprometida a menudo se siente aliviada. No que esto les dé permiso para pecar. Quita, sin embargo, la culpa falsa que experimentaban por haber sido tentados.

A menudo, la experiencia de otros puede proporcionarnos pautas para enfrentar las tentaciones que nos salen al encuentro. A veces, simplemente, mencionar un problema lleva a descubrir una solución. Cualquier persona que ocupe un cargo administrativo, sabe el valor de una reunión donde la gente presenta ideas para solucionar problemas. Al unir la sabiduría y la ingeniosidad de un grupo interesado, siempre surgen nuevas ideas y soluciones. Lo mismo ocurre cuando compartimos nuestras luchas espirituales con otros. Nuestros compañeros tienen la ventaja de la objetividad e iluminación fresca. Ellos pueden compartir sus experiencias y las experiencias de otros que conocen para ayudarnos con la situación.

Amor obstinado

Hay otra manera en que una relación de rendir cuentas puede ayudar durante el tiempo de la tentación. La siguiente historia lo ilustra perfectamente. Un miembro de nuestra iglesia que estaba fuera de la ciudad estudiando me contó esta historia. Lo llamaré Alberto. Era jueves de noche, y él y su amigo Ramón habían tomado el último examen esa tarde. Estaban listos para irse de parranda esa noche. Como los dos eran creyentes, irse de parranda era ir a comer a un restaurante y dar una vuelta al pueblo con la capota del convertible baja. De camino a recoger a Ramón, Alberto se detuvo en el apartamento de al lado para ver si Sonia quería ir con ellos. Sonia y Alberto nunca habían salido juntos, pero siendo vecinos, se veían a menudo.

Sonia no estaba haciendo nada esa noche, así que decidió unirse a los jóvenes para una noche de alegría sana. Alberto y Ramón estaban "con toda la cuerda" después de haber estado encerrados estudiando toda la semana. Al correr la noche, Ramón no pudo dejar de notar que Sonia y Alberto estaban más amigables que de costumbre. Después de un rato a Ramón le resultó obvio que ellos estaban listos para llevarlo a su casa y poder estar solos.

Cuando lo dejaron en su casa, Ramón sintió un extraño sentimiento acerca de Alberto y Sonia. El conocía a Alberto muy bien, lo suficientemente bien para saber que no estaba actuando como sí mismo. Subiendo a su apartamento, la preocupación aumentaba acerca de Alberto y Sonia. Ambos eran creyentes, pero parecía que se habían dejado llevar por la emoción del momento.

Ramón entró a su casa y llamó a Alberto por teléfono. Y tal como lo había sospechado, Sonia estaba allí, ya que podía oír su voz. Alberto la había invitado a su apartamento. "Alberto, te habla es Ramón", dijo él. "Voy para allá para quedarme contigo esta noche."

Alberto admitió que se enojó cuando Ramón le dijo que iría a su casa. "El ni siquiera me preguntó si podía venir. ¡Sólo me dijo que me preparara!" Cuando Ramón llegó, Sonia ya se había ido. Alberto le había preparado a Ramón un camastro en el piso al lado de su cama.

Cuando Alberto me contó esta historia, me dijo: "Los dos nos quedamos en la oscuridad varios minutos sin decir una palabra. Finalmente, yo dije: 'Gracias.' Eso fue todo lo que tuve que decir. El entendió. 'No es problema', dijo él, 'yo sé que tú hubieras hecho lo mismo por mí.'"

He aquí alguien que toma en serio el asunto de rendir cuentas en la esfera espiritual. A veces un compañero tiene que adoptar un papel activo en el proceso de la tentación. Todos necesitamos un amigo como Ramón, alguien que esté dispuesto a arriesgarse a ser criticado por nuestro bien espiritual y protección moral. Salomón lo expresó de esta manera:

Mejor es reprensión manifiesta que amor oculto. Fieles son las heridas del que ama; pero importunos los besos del que aborrece.

Proverbios 27:5, 6

Llevando las cargas los unos de los otros

Las personas a menudo ponen en tela de juicio la idea de rendir cuentas en la esfera espiritual porque sienten que lo que hace la gente no es asunto de su incumbencia. Pero es todo lo contrario. La Biblia dice que dentro del cuerpo de Cristo, somos responsables ante Dios por nuestros hermanos. Escuchen lo que dijo el apóstol Pablo en cuanto al asunto de nuestra responsabilidad con los hermanos.

Hermanos, si alguno fuere sorprendido en alguna falta, vosotros que sois espirituales, restauradle con espíritu de mansedumbre, considerándote a ti mismo, no sea que tú también seas tentado. Sobrellevad los unos las cargas de los otros, y cumplid así la ley de Cristo. Porque el que se cree ser algo, no siendo nada, a sí mismo se engaña.

Gálatas 6:1-3

Pablo dijo que si un creyente es sorprendido en pecado, los miembros fuertes de la iglesia deben ayudar a llevar la carga del pecado de la persona. Deben ayudar al pecador a volver al camino. La inferencia es que nuestro pecado tiene que ser preocupación de otras personas. Y sus pecados vienen a ser parte de nuestro interés o responsabilidad. El pecado no es sólo la responsabilidad de las personas afectadas directamente por dicho pecado. Este pasaje ni aun menciona a esas personas. Pablo dijo que los creyentes que no están involucrados en lo que sucede, deben ayudar a aquellos sorprendidos en pecado.

Si confrontar a nuestros hermanos y hermanas en Cristo acerca de su pecado es ser "entremetido", Pablo nunca hubiera escrito estos versículos. Al mismo tiempo, si se esperara que usted y yo resolviéramos nuestros problemas sin la ayuda de otros creyentes, tampoco Pablo los hubiera escrito. En ningún lugar en la Palabra de Dios se nos dice que nuestro pecado es algo solamente entre nosotros y Dios. La Biblia enseña todo lo contrario.

Una mujer en nuestra iglesia había estado casada por corto tiempo cuando descubrió que su esposo era homosexual. Pronto después que lo descubrió, él la dejó para irse con su amante. Al hablar con ella, me dijo algo que nunca olvidaré. "Después que me divorcié, varias de mis amigas me dijeron que ellas sabían que él era homosexual. Cuando les pregunté por qué no me habían dicho nada, me respondieron: 'No pensamos que era asunto de nuestra incumbencia.'"

Sus amigas estaban equivocadas. Ellas violaron un principio de la Escritura. Después de oír su historia, yo tomé la decisión de nunca permanecer en silencio y observar a un amigo hacer lo que estaba seguro en mi corazón que era un error. Esta resolución me ha hecho poco popular a veces con las personas. Algunas personas se han ido de mi iglesia por cosas sobre las cuales yo las he confrontado. Pero cuando comienzo a pensar que quizás debería callarme la boca, siempre recuerdo lo que dijo Salomón:

> El que reprende al hombre, hallará después mayor gracia
> que el que lisonjea con la lengua.
>
> Proverbios 28:23

Es maravilloso como a través de los años las personas me han hablado o me han escrito cartas excusándose por su reacción a mis advertencias. La mayor parte de las veces, admiten que deberían haber escuchado.

Recuerde esto, en una relación de rendir cuentas, usted no es responsable de cómo responde la otra persona a sus advertencias o consejos. No puede garantizar que el individuo tomará en serio lo que le dice. Pero usted es responsable de decir la verdad, y luego continuar amando a esa persona a través de todo el proceso.

Usted y la persona a quien rinde cuentas

La Biblia no bosqueja un programa para grupos que se reúnen para rendir cuentas. No hay reglas que gobiernen cuán a menudo se deben reunir ni el tiempo de dichas reuniones. He visto esto en la práctica de diferentes formas. Mi hija Becky se reúne con su compañera una vez al mes. Entre una reunión y otra se mantienen en contacto por teléfono. Andy se reúne con su compañero todas las semanas y desayunan juntos. Uno de nuestros pastores se reúne con su grupo los martes de noche. Algunos de nuestros adolescentes se reúnen durante la hora del almuerzo en el colegio.

Usted y la persona a quien rinde cuentas no tienen que reunirse formalmente. Yo conozco a dos personas que hacen ejercicio juntas tres veces por semana, y hablan mientras realizan los ejercicios. Un hermano en nuestra iglesia se reúne con su compañero una vez a la semana en el campo de golf. Yo voy de caza y de pesca con mi compañero regularmente.

Un compañero a quien se le rindan cuentas debe ser alguien del mismo sexo. Y usted debe tener afinidad con él, como para desarrollar una amistad de toda la vida. Mientras más tengan en común, mejor. Pueden compartir sus problemas y sentimientos en medio de algunas otras actividades en las que participan juntos.

Su compañero a quien le rinde cuentas en la esfera espiritual debe ser alguien a quien usted respete en la esfera de lo espiritual. No quiero decir con esto que la persona deba ser profesor de Biblia o que haya sido creyente desde la adolescencia. Más bien, su compañero debe ser una persona que esté buscando obtener la perspectiva de Dios en su vida y realmente desee obedecer a Dios. Tal vez usted ya conoce a alguien que puede ser un buen compañero. Puede ser que sólo necesite hablar con esa persona. O quizá usted puede comenzar a demostrarle amistad y dejar que las cosas sigan su curso natural.

Manteniendo el equilibrio

Lo último que usted quiere es una relación con alguien que lo critica cada vez que se reúnen. Pero no desea tampoco a alguien que guarde silencio con respecto a sus faltas. La clave aquí es el equilibrio entre el aliento y la exhortación o instrucción. La relación debe ser alrededor del 75 por ciento aliento y 25 por ciento exhortación.

Otra manera de manejar esto es acordar no ofrecer consejo o crítica si no se ha solicitado. Si usted desea la opinión de su compañero en una decisión que está tomando, pídasela. Recuerde, usted no está ahí para asumir el papel de terapista. Se reúnen como amigos que están comprometidos a amarse y cuidarse mutuamente.

La mayoría de los compañeros que se rinden cuentas en la esfera de lo espiritual que conozco, no comenzaron su relación con eso en la mente. Sólo eran buenos amigos que se sentían cómodos compartiendo sus luchas más íntimas el uno con el otro. Mientras más natural es, tanto mejor.

No permita que su orgullo se interponga

Por lo general, las mujeres tienen más facilidad para desarrollar este tipo de relación que los hombres. Hay varias razones para ello. El obstáculo más grande para los hombres, sin embargo, es el ego. Dios lo llama orgullo. Nosotros queremos manejar las cosas por nosotros mismos. No hay labor demasiado difícil, ninguna montaña demasiado alta, ninguna tentación demasiado fuerte . . . y así seguimos. Usted sabe el viejo dicho: "Yo y Dios constituimos mayoría." Suena bien, pero no resulta en la vida.

La verdad es que no nos gusta admitir nuestras debilidades a nadie (como si los que nos rodean no se dieran cuenta de nada), especialmente a otro hombre. Por lo menos con una mujer existe la posibilidad de que se compadezcan de nosotros. ¿Pero otro hombre? Pensamos, *él verá a través de mí. Puede que me haga enfrentarme a mí mismo tal como soy. Dios me libre, ¡puedo verme mal!*

Así que tiene una decisión que tomar. ¿Está dispuesto a revelar sus debilidades a un individuo escogido o grupo ahora, o prefiere correr el riesgo de poner al descubierto sus debilidades al mundo entero más tarde? Todos necesitamos a alguien con quien hablar. No deje que su orgullo le impida encontrar a alguien. Mientras más prominente y próspero llegue a ser usted, más necesita una persona a quien rendirle cuentas. Desafortunadamente, será cada vez más difícil de encontrar porque la gente puede intimidarse. "¿Quién soy yo para ofrecerle asesoramiento a él?", se pueden preguntar. Pero no se desanime. Puede llegar el día en que su compañero a quien usted rinde cuentas en la esfera espiritual sea el único que lo salve del desastre.

Comenzando joven

Los padres prudentes de hijos adolescentes los animan a que desarrollen amistad con jóvenes solteros piadosos, personas un poco mayores que ellos que los pueden ayudar. En esa etapa de su desarrollo, los jóvenes no se sienten cómodos hablando sobre asuntos privados con sus padres. Pero ellos necesitan a alguien además de sus compañeros con quien compartir. Cuando era adolescente, mi hija comenzó a reunirse con una mujer quien es la persona a quien rinde cuentas en la esfera espiritual hasta el día de hoy. Estoy muy agradecido a Dios por las personas que él puso en nuestro camino para ayudar a nuestros hijos mientras ellos fueron adolescentes. El asunto de rendir cuentas es para todo el mundo. Mientras más jóvenes sean sus hijos cuando les enseña este concepto, tanto mejor.

No actuemos como el Llanero Solitario

Todos nosotros necesitamos a alguien que nos conozca tal como somos. Alguien a quien no podamos engañar, que nos acepte como somos, pero que sepa inspirarnos a ser como Cristo. Alguien de quien se pueda depender. Tal amigo es difícil de encontrar pero vale más que todo el oro del mundo. Amigos de esa envergadura pueden evitar que perdamos todo lo que es importante en nuestra vida.

Recientemente escuché la confesión pública completa de uno de mis hermanos en el ministerio quien le dio cabida a la pornografía que destruyó su vida personal y ministerio. El describió las medidas que había tomado para liberarse de su enviciamiento: ayunos, oración, clamor a Dios. Pero nada parecía darle resultados. Entonces, dijo algo que nunca olvidaré. Expresó lo siguiente: "Me doy cuenta ahora de que si me hubiera vuelto a mis hermanos y hermanas en Cristo buscando ayuda, hubiera sido liberado."

Nadie constituye una isla espiritual. Nos necesitamos los unos a los otros. Es mi oración que usted encuentre a alguien con quien pueda desarrollar una relación de rendir cuentas en la esfera espiritual. Recuerde que cualquiera que sea su lucha, usted no está solo. Pídale a Dios que le traiga a su vida la clase de persona que Salomón tenía en mente cuando escribió:

El hombre que tiene amigos ha de mostrarse amigo; y amigo hay más unido que un hermano.

Proverbios 18:24

PARTE III

DESCUBRIENDO LA VERDAD

CAPITULO DOCE

Nuestros malentendidos

EN EL CAPITULO 5 explicamos que Satanás está maquinando contra los creyentes. En gran parte, vencer la tentación es entender exactamente qué se propone hacer Satanás y cómo lleva a cabo sus maquinaciones. En este capítulo vamos a mirar seis teorías comúnmente sostenidas referente a la tentación. Como veremos, ninguna de ellas se puede apoyar bíblicamente. Lo que es peor, estos malentendidos causan que muchos creyentes bien intencionados vivan bajo una carga que Dios nunca quiso que llevaran. Como las expectativas de estas personas son inalcanzables, se desaniman y pierden la motivación. Yo creo que Satanás es la fuente de estos malentendidos, porque en cada uno de ellos hay una distorsión de la verdad de Dios.

En la segunda carta de Pablo a los Corintios, él señaló que ignorar las maquinaciones de Satanás permitiría que éste sacara ventaja de ellos (2 Corintios 2:11). Un malentendido en la esfera de la tentación predispone a la persona a ceder a dicha tentación. Es como la situación de una mujer que toma un trabajo de oficina pero nunca recibe instrucciones específicas sobre sus responsabilidades. Cualquier persona que se encuentra en una situación similar, está predispuesta a que se aprovechen de ella. Cuando los demás empleados descubran su candidez, tenderán a pasarle algunos de los trabajos que no le gustan a nadie a la "muchacha nueva". Pronto ella se encontrará sumergida en más trabajo del que puede realizar. Al amontonarse el trabajo sin terminar, la muchacha se desalienta y se siente fracasada. ¡Pero ella no es un fracaso! Sólo parece eso porque nunca supo exactamente qué se esperaba de ella.

Quizás parte de la razón de que esté desanimado es que ha amontonado sobre sí mismo expectativas irreales, cosas que Dios nunca planeó para usted. Consecuentemente, está predispuesto para que Satanás saque ventajas de la situación, quizás hasta el punto de que usted quiera abandonar la lucha. Al considerar estos seis malentendidos que expongo a continuación, examine su corazón para ver si consciente o inconscientemente está operando desde la base de una o más de estas falsedades.

1. Ser tentado es pecar

A menudo cuando somos tentados, los sentimientos asociados con esa tentación son tan fuertes que asociamos los sentimientos malos con nuestro carácter más bien que con la tentación. Entonces nos condenamos a nosotros mismos teniendo tales sentimientos. Sin darle cabida en realidad a la tentación nos sentimos como si fuéramos ya culpables. Este es el momento cuando Satanás, por lo general, nos dice: "Bueno, ¡mejor es que sigas ahora y lo hagas! Después de todo, ¿a qué clase de persona se le ocurriría una idea tan terrible? Tú ya eres culpable."

Tenemos que mantener en la mente que nosotros no somos responsables por lo que pasa a través de nuestra mente. Nuestra responsabilidad es controlar las cosas que dominan nuestros pensamientos. Pablo aclaró esta diferencia a los creyentes de Corinto cuando escribió:

. . . derribando argumentos y toda altivez que se levanta

contra el conocimiento de Dios, y llevando cautivo todo
pensamiento a la obediencia a Cristo.

2 Corintios 10:5

Si Dios esperaba que nosotros fuéramos capaces de controlar lo que
viene a nuestra mente, ¿por qué inspiró al apóstol Pablo a instruir
a los creyentes a llevar "cautivo todo pensamiento"? El infiere que
nosotros no podemos controlar lo que pasa por nuestra mente. Lo
que podemos y tenemos que hacer, sin embargo, es ejercer dominio
de cada pensamiento y tratar con él. O sea, debemos mantener en
la mente lo bueno y sacar lo malo.

Nuestro ambiente determina hasta cierto punto lo que viene a
nuestra mente. Aun la gente más precavida será expuesta hasta
cierto punto, visual y audiblemente a cosas que invitan pensamientos y sentimientos impíos. Nosotros no podemos controlar lo que
otra gente usa o dice. No podemos controlar a lo que somos
invitados a participar (aunque sí podemos controlar las cosas en las
que participaremos). No podemos controlar lo que accidentalmente
oímos en la oficina o en el baño. Todas estas cosas vienen sobre
nosotros sin nuestro consentimiento.

Muchos de estos mensajes externos conllevan un golpe
emocional. Y cuando se involucran nuestros sentimientos, las cosas
a veces traen confusión. Estos sentimientos pueden hacer surgir
serias dudas en nuestra mente acerca de nuestro compromiso, y
para algunos de nosotros, puede llegar a ser un asunto de salvación. "Si yo fuera realmente consagrado, ¿me hubiera sentido así?"
"¿Haría eso un verdadero creyente?"

Estos sentimientos son generalmente naturales, sentimientos
dados por Dios. El problema es que cuando somos tentados,
nuestros sentimientos se enfocan fuera de los límites que Dios ha
establecido para nosotros. Por ejemplo, a la gente que le gusta el
chocolate encontrará que su paladar se descontrola cuando una
torta de chocolate con nueces se trae a la mesa. No hay nada
pecaminoso en cuanto a su reacción física. Dios nos hizo reaccionar
así a ciertos alimentos. Ya esté o no la gente en dieta, no tiene nada
que ver cómo reacciona el paladar. La torta de chocolate sirve
como un estímulo externo que causa una reacción interna. Si la
torta está fuera de los límites de lo que la gente cree que Dios le
permite comer en ese momento, viene a ser una tentación. No ha

habido pecado, porque no se ha comido.

Lo mismo es cierto con la tentación sexual, la tentación a mentir, la tentación a repetir chismes, y aun la tentación a ser haragán. Todas estas tentaciones comienzan con un pensamiento que conlleva alguna clase de golpe emocional. Algunas veces es tan fuerte que quedamos agobiados con la condenación. Pero el pensamiento de hacer algo malo, aun combinado con el deseo de hacerlo, no es pecado, sólo es una tentación.

Hay otra razón por la que sabemos que ser tentado no podría ser pecado. Jesús fue tentado. El escritor de Hebreos nos dice:

> Porque no tenemos un sumo sacerdote que no pueda compadecerse de nuestras debilidades, sino uno que fue tentado en todo según nuestra semejanza, pero sin pecado.
>
> Hebreos 4:15

Este versículo tiene dos puntos importantes. Primero que nada, Jesús fue tentado como nosotros. Si nuestras tentaciones son pecado, las de él también; nuestras tentaciones son como las de él. Segundo, Jesús nunca pecó. Si Jesús fue tentado y nunca pecó, la tentación no puede ser pecado.

Cuando Jesús fue tentado en el desierto como lo describe Mateo 4, Satanás puso ideas en su mente igual que lo hace con nosotros. Una de esas ideas ciertamente hizo surgir sentimientos y emociones fuertes en nuestro Señor:

> Entonces Jesús fue llevado por el Espíritu al desierto, para ser tentado por el diablo. Y después de haber ayunado cuarenta días y cuarenta noches, tuvo hambre. Y vino a él el tentador, y le dijo: Si eres Hijo de Dios, di que estas piedras se conviertan en pan.
>
> Mateo 4:1-3

Este pasaje dice con claridad que Jesús tuvo ideas pecaminosas bombardeando su mente y que él tenía sentimientos junto con ellas. El texto continúa diciéndonos que "tuvo hambre". Aun con todo eso, no se consideró pecado, porque él nunca comió.

Nosotros servimos a un Dios justo y celoso. El no nos pide

cuentas por cosas de las cuales nosotros no tenemos control. El sabe que Satanás está trabajando a jornada completa para inundar nuestros oídos, ojos y mentes con cosas que nos desvíen del camino. Dios no nos juzgará por esos malos pensamientos que vuelan a través de nuestra mente, ni aun por esos anhelos y deseos que a menudo acompañan ciertos pensamientos. Todo lo contrario, él envió a su Hijo para capacitarnos para tratar con los ataques de Satanás. La tentación no es pecado; es simplemente la intención de Satanás de hacernos caer.

2. Las personas espiritualmente maduras no son tentadas

Yo siempre me asombro de cómo la gente responde cuando comparto algo con lo cual estoy luchando en mi vida personal. Ya sea desde el púlpito o en privado, la respuesta de ellos generalmente es la misma. "No puedo imaginármelo a *usted* siendo tentado así." Detrás de su sorpresa hay otro malentendido referente a la tentación: *la gente espiritualmente madura no es tentada.*

Todos nosotros enfrentaremos tentaciones por el resto de nuestra vida. No hay escape. Cuando la gente me dice que está luchando con la tentación, yo deseo decirle: "¿Y qué hay de nuevo?" En algún lugar hemos tenido la idea errónea de que nuestra meta final como creyentes es llegar a un lugar en nuestra vida en el que nunca seamos tentados. Irónicamente, todo lo opuesto es la verdad. Mientras más piadosos seamos, más amenaza somos para Satanás. Entonces, más fuerte trabaja él para hacernos caer.

La tentación siempre será una parte de la vida del creyente. La madurez sólo hace que Satanás aumente la presión. Así que si siente la presión como nunca antes, ¡alabe al Señor! Eso puede ser una indicación que Satanás lo ve a usted como una amenaza a su obra en este mundo. No se desanime. En las palabras de Santiago: " . . . tened por sumo gozo cuando os halléis en diversas pruebas" (Santiago 1:2).

Yo le he oído decir a la gente: "Si verdaderamente usted está lleno del Espíritu Santo, estará por encima de la tentación." Eso no está en la Biblia; es antibíblico. La Biblia enseña todo lo opuesto.

Jesús estaba lleno del Espíritu Santo. Ni aun él escapó la tentación. Este malentendido en particular es la razón por qué muchos no oran regularmente por sus líderes espirituales. Falsamente asumen que estos gigantes espirituales no tienen problemas, mucho menos ninguna tentación seria. Sus líderes espirituales necesitan sus oraciones más que cualquiera otro. Satanás probablemente está trabajando tiempo adicional para derribarlos. El sabe que cuando hombres y mujeres consagrados caen, la semilla de la duda es sembrada en las mentes de aquellos que los estimaban. Lo que es peor, confirma al mundo perdido lo que sospechaban: "La iglesia está llena de hipócritas y mentirosos; la religión no es nada." ¡Ore por su pastor y los líderes de la iglesia! Ellos luchan con las mismas tentaciones que usted. Nadie es inmune.

Mientras usted esté en la tierra en su condición presente, enfrentará la tentación. Mientras más "espiritual" llegue a ser, también llega a ser más blanco para Satanás. A medida que aumenta su espiritualidad y madurez cristiana, tiene que aumentar su dependencia del Espíritu Santo. Si el Hijo de Dios nunca llegó a un nivel donde no podía ser tentado, igualmente usted nunca llegará a ese nivel en esta vida.

3. Una vez que se haya lidiado verdaderamente con el pecado o hábito, la tentación en esa esfera particular cesará

Este malentendido deja a la gente confundida y desanimada. De nuevo, es porque sus expectativas son irreales. A menudo los creyentes lucharán con un pecado en particular por largo tiempo, a veces por años. Entonces, algo pasa y son liberados. Por lo general la liberación viene por medio de una nueva comprensión del poder sobre el pecado que tienen en Cristo.

Por un tiempo caminarán en tal victoria que llegarán a pensar que están por encima de volver atrás a ese pecado en particular, y que están más allá de ser tentados. Tarde o temprano, sin embargo, surge una situación y son tentados de nuevo. Muchas veces el hecho de que aun son "susceptibles a la tentación" les provoca un colapso nervioso. Este fracaso puede ser tan desalentador que los hace caer de nuevo en el mismo pecado del que habían sido liberados.

Esto fue exactamente lo que le pasó a un amigo mío que había sido liberado del vicio de la pornografía. Por meses no fue tentado. El pensó que el problema había quedado atrás de una vez por todas, y de repente se encontró sintiendo lo mismo que sentía antes y pensando en las mismas cosas que por meses no había pensado. El solo hecho de sentirse así casi lo agobia. Al contar la historia, era como si Satanás le hablara al oído: "Nada ha cambiado; eres la misma persona de antes. ¿Por qué te engañas? Si realmente hubieras cambiado, no te sentirías así ni querrías hacer estas cosas." El cometió el error de creer a las mentiras de Satanás y cedió a la tentación.

Este incidente le causó tal impresión que casi se da por vencido. El me explicó cómo se volvió introspectivo, siempre buscando el problema escondido que causó su caída. A través de toda esta búsqueda, se dio cuenta de lo que pasó. El admitió que al pasar las semanas y los meses después de su liberación, descuidó el estudio de la Biblia y el tiempo de oración privada. Dejó de renovar su mente, y se enorgulleció de las nuevas verdades que Dios le había revelado. Admitió que realmente creyó que estaba por encima de ser tentado con la pornografía otra vez.

Hoy él disfruta de la victoria nuevamente. No debido a un solo acontecimiento, sino porque ha comprendido su propia fragilidad. Ahora él sabe que la tentación puede venir en cualquier instante y que tiene que caminar dependiendo de Cristo. Si usted le preguntara a él si ha sido liberado del vicio de la pornografía, él le respondería: "Estoy siendo liberado diariamente." Con eso él quiere decir que cada día tiene la posibilidad de ser tentado; pero cada día Dios le da la victoria. He observado a este joven crecer en su vida cristiana a tal punto que ha llegado a ser uno de los jóvenes más consagrados que conozco. Aunque él nunca llega al punto de no poder ser tentado.

Dios ha prometido liberarlo a usted de caer en la tentación. En ningún lugar él ha prometido librarlo de *ser tentado*. Satanás conoce sus puntos débiles. Si él lo ha hecho caer en alguna esfera antes, puede estar seguro de que él lo atacará otra vez. El sabe también cuando su orgullo lo predispone a caer.

Cuando usted es tentado una y otra vez con la misma

tentación, no llegue a la conclusión que usted tiene algún problema profundo. Tampoco debe suponer que es más "pecador" que nadie. En ningún lugar en la Escritura se juzga la espiritualidad de la persona a base de la frecuencia de la tentación. Satanás propaga este malentendido para que usted y yo nos desalentemos y cedamos a la tentación. La verdad es que todos nosotros somos más débiles en algunas esferas que en otras. Satanás siempre saca provecho de nuestras debilidades. Por lo tanto, experimentaremos la repetición de las tentaciones por el resto de nuestra vida.

4. Caemos en tentación

No es raro que alguien diga: "Fíjese que yo iba tan bien cuando de repente *caí* en tentación." La noción que la gente *cae* en tentación señala otro malentendido. La gente no *cae* en tentación. Tales frases presentan a los pecadores como víctimas, espectadores inocentes que son empujados al pecado en contra de su voluntad. Ese no es el caso.

Alguien puede objetar: "Pero usted no sabe bajo la presión que me encontraba. Era insoportable, y no pude evitar lo que pasó." Esa objeción es simplemente un intento de pasar por alto la responsabilidad personal por el pecado. Es un intento de echarle la culpa a otro. Nosotros no caemos en tentación; *escogemos* pecar. En cada tentación hay un punto en que echamos un voto decisivo ya sea en favor del pecado o en contra de él. Nadie puede echar ese voto por nosotros, a pesar de la presión que estemos enfrentando.

Es cierto que no escogemos ser tentados. En ese aspecto se podría decir que caemos presa de la tentación. Pero el ser sorprendido por la tentación nunca es causa o una excusa para pecar. La tentación de ninguna manera perjudica nuestra libertad de escoger. Y mientras tengamos esa libertad, somos responsables por nuestras acciones.

Cuando alguien cae en un hoyo o se cae de una bicicleta, por lo general no es el resultado de una decisión consciente para hacer eso. Al contrario, algo toma al individuo y lo empuja hacia abajo en contra de su voluntad. Ceder a la tentación es diferente. El pecado, en el contexto de la tentación, es siempre el resultado de una decisión.

A pesar de la presión, nosotros todavía tenemos el voto

decisivo. Nunca somos forzados, luchando y gritando en contra de nuestra voluntad, a ceder a la tentación. La tentación no es algo en lo que *caemos*; es algo que escogemos *hacer*, de lo contrario, Cristo no tendría el derecho de pedirnos cuentas.

Nunca he oído a nadie decir: "No sé lo que me sobrecogió. Sólo me hallé haciendo cosas buenas. No pude evitarlo. Yo no quería hacer todas esas cosas buenas, caí en ellas." Nosotros siempre adoptamos responsabilidad personal por las cosas buenas que hacemos, ¿no es verdad? Es sólo las malas que queremos pasar como inevitables. Pero somos responsables por ambas. Tal como *escogimos* hacer lo bueno, *escogemos* hacer lo malo.

5. Dios se decepciona y se desagrada cuando somos tentados

Cuando somos tentados, los sentimientos de condenación a menudo son tan fuertes que estamos seguros de que Dios está decepcionado; él debe estar moviendo la cabeza en disgusto. Seguramente él encuentra difícil creer que nosotros tuviéramos tales ideas después de todo lo que él ha hecho por nosotros.

En cierto aspecto, ya hemos hablado de este malentendido. Como la tentación no es pecado, y aun los más espirituales son tentados, Dios no podría decepcionarse o desagradarse cuando somos tentados. ¡Ciertamente él no se decepcionó cuando su propio Hijo fue tentado!

Nosotros continuamos sintiendo que hemos decepcionado a Dios cuando somos tentados porque hay una tendencia a confundir cómo nos sentimos acerca de nosotros mismos, y suponemos que Dios está decepcionado también. Sin embargo, ése no es siempre el caso. Como hemos visto, mucho de la decepción que sentimos hacia nosotros mismos referente a la tentación tiene que ver con el fracaso de vivir de acuerdo a las expectativas irreales. Mientras tengamos expectativas irreales, nos decepcionaremos a nosotros mismos.

Por otro lado, Dios no tiene expectativas. El es omnisciente; ya sabe acerca de cada tentación que vendrá a nuestra vida y cómo responderemos. Nada lo toma a él por sorpresa; por lo tanto, él no tiene ni aun la posibilidad de decepcionarse.

Hay otra razón por la que sabemos que Dios no se decepciona cuando somos tentados. La tentación es uno de sus instrumentos principales para desarrollar el carácter y la fe en los creyentes. Santiago lo expresó con claridad cuando escribió:

> Hermanos míos, tened por sumo gozo cuando os halléis en diversas pruebas, sabiendo que la prueba de vuestra fe produce paciencia. Mas tenga la paciencia su obra completa, para que seáis perfectos y cabales, sin que os falte cosa alguna.
>
> Santiago 1:2-4

Cuando somos tentados, nuestra fe y carácter son probados. Cuando resistimos con éxito, salimos más fuertes.

Si usted ha visto un perro entrenado, ha visto el principio en acción. El entrenador en algún punto en el proceso de entrenamiento le dirá al perro que se quede quieto y luego pone algo que al perro le gusta comer cerca de él. Un perro bien entrenado espera hasta que se le dé permiso antes de ir a buscar el alimento. Poner el alimento frente al perro prueba la lealtad del animal a su entrenador. De la misma manera, la tentación prueba nuestro amor por Cristo. Por esta razón Santiago dijo:

> Bienaventurado el varón que soporta la tentación; porque cuando haya resistido la prueba, recibirá la corona de vida, que Dios ha prometido a los que le aman.
>
> Santiago 1:12

Dios no podría decepcionarse cuando somos tentados. Santiago dijo que Dios recompensa a aquellos que son tentados, si perseveran. No es la tentación en sí lo que aflige a Dios; lo que lo desagrada es cuando cedemos a la tentación.

Dios no se decepciona cuando somos tentados. El no tiene razón para eso. El sabe que Satanás quiere hacerlo caer. Recuerde, Dios le dio el deseo fundamental del cual Satanás saca provecho cuando usted es tentado. El también le dio el poder a usted de escoger. Hay un sentido en el que Dios le dio a usted la posibilidad de ser tentado. El no está decepcionado.

6. La tentación se vence huyendo

Anteriormente dije que un método de defendernos a nosotros mismos contra la tentación era evadir las situaciones que nos predisponen a ser tentados. O sea, debemos huir de la tentación siempre que sea posible. Es verdad que dejar ciertos lugares y relaciones facilita nuestra victoria a veces. Sin embargo, el huir no resuelve el problema de la tentación en general. La tentación no es una guerra movida a un lugar particular geográfico. El campo de batalla de la tentación es la mente. Entonces, el huir no siempre garantiza la victoria ni tampoco elimina la tentación.

Yo conozco a personas que todo el tiempo están cambiando de trabajo, de iglesia y aun de ciudad para "escapar" la tentación. La mayoría de las veces terminan en una situación como la que dejaron. ¿Por qué? Porque cambiaron sus circunstancias pero ellos mismos nunca cambiaron. Fallaron en renovar sus mentes, a fin de que Dios cambiara su carácter y corazón.

Lo que está pasando en el interior finalmente determina lo que pasa en el exterior. Dios desea cambiar su corazón. El desea que usted crezca para que pueda pararse firme en medio de la tentación. El no lo va a sacar del mundo. El lo ha dejado aquí para que usted haga un impacto en el mundo. Eso quiere decir que usted va a enfrentar la tentación. Pasar todo el tiempo tratando de evadir la tentación finalmente lo llevará a un punto donde estará demasiado aislado de la sociedad para hacer impacto en ella. Hay un tiempo para correr y un tiempo para estar firmes.

Saliendo de la confusión

Dios no desea que nosotros seamos ignorantes acerca de la tentación. El desea que conozcamos la verdad. Parte del plan de Satanás es confundir los hechos concernientes a este asunto de la tentación. En este capítulo hemos examinado seis teorías comunes referente a la tentación. Ninguna de ellas puede respaldarse bíblicamente. En cada caso la Biblia enseña lo opuesto. Si usted sostiene uno o más de estos malentendidos, necesita comenzar hoy mismo a renovar su mente a la verdad: ser tentado no es pecado; las personas espirituales son tentadas. Recuerde que la victoria ahora no garantiza victoria más adelante; nosotros no caemos en tentación, escogemos pecar; Dios no se decepciona cuando somos tentados; el huir no es siempre la mejor manera de vencer la tentación.

Al principio puede que le resulte difícil descartar estos malentendidos. Tal vez haya creído en algunos de éstos durante años. Pero hasta que no comience a ver sus tentaciones como Dios las ve, sentirá un peso de responsabilidad que Dios no quiere que sienta, y su nivel de expectativas permanecerá totalmente irreal. Por consiguiente, se desanimará. Dios quiere que sea libre, y la libertad viene a través del conocimiento de la verdad. Ahora que ha visto la verdad, hágala parte de su experiencia.

CAPITULO TRECE

Por qué continuamos cayendo

NO HAY NADA MAS molesto para un consejero que una persona que parece estar haciendo todo lo que se le indicó y vuelve semana tras semana y dice: "No dio resultado." Habiendo agotado todos los métodos efectivos, por lo general, el consejero admitirá fracaso o hará otras investigaciones en lo que respecta a la naturaleza del problema de la persona. Porque éste es un libro, más bien que una serie de reuniones de consejo, dudo de que usted haya tenido tiempo de aplicar todos los principios bosquejados en los capítulos anteriores. Para los que lo han hecho y todavía continúan cayendo, he aquí tres sugerencias que procuran explicar por qué nada ha dado resultado hasta ahora. Estos son descubrimientos que he realizado en mi ministerio de asesoramiento, y también en mi propia experiencia a través de las tentaciones en mi vida.

¿Quién, yo?

Una razón por la que continuamos cayendo es que *negamos que tenemos un problema*. Sabemos que tenemos algunas cosas con las cuales debemos luchar. ¿Pero un "problema"? De ninguna manera. Eso suena demasiado serio. Por consiguiente, no buscamos una solución con la determinación necesaria para encontrarla. Por negar la verdad en cuanto a nuestra situación, automáticamente impedimos que nos llegue la ayuda que necesitamos.

El verdadero peligro consiste en que la gente tiende a pasar por alto la verdad, y lo que comenzó como una cosa pequeña llega a ser un problema mayor. Este patrón de comportamiento es común entre los alcohólicos y los drogadictos. En vez de enfrentar el problema como un problema grave de enviciamiento, ellos lo tratan como un simple problema de equilibrio. "Yo sólo necesito tomar menos."

Ir al doctor es prácticamente lo que menos me gusta hacer. Cuando comienzo a sentirme enfermo, mi tendencia es decir: "Esto es sólo un catarro. Un par de aspirinas y me sentiré bien." Sin tomar en cuenta cómo me siento, me convenzo a mí mismo de que no estoy realmente *enfermo; sólo reacciono al cambio de temperatura. Si en verdad tengo un virus, el tratarlo como un catarro no me va a ayudar en absoluto.* Continuaré enfermo hasta que tenga una diagnosis exacta de mi problema y luego siga el tratamiento prescrito.

Lo mismo es cierto cuando hablamos de tratar con el pecado. La mayoría de nosotros menospreciamos el poder del pecado y sobreestimamos nuestra espiritualidad. Mientras que usted trate un problema real como algo que es parte de su personalidad o el resultado de la presión en el trabajo, o cualquier otra cosa aparte de lo que es, no hallará alivio alguno. Tiene que enfrentar su fracaso y hacer algo al respecto. Quizás continúa cayendo en la misma tentación porque no ha admitido que tiene un verdadero problema.

Entrega absoluta

Otra razón por la que continuamos cayendo es que *no nos hemos entregado o rendido* al señorío de Cristo. Por esto quiero decir que no hemos reconocido el derecho incondicional de Cristo de gobernar y reinar en cada esfera de nuestra vida. Mientras rehusemos ceder nuestro derecho de gobernar en una esfera particular de nuestra vida, jamás alcanzaremos la victoria.

A menudo jugamos un juego de poder con Dios. Queremos que él nos dé el poder que necesitamos para tener victoria en nuestra vida. Pero no estamos dispuestos a rendir esa esfera a su gobierno indiscutible. Queremos usar su poder para nuestros fines.

Hablé con uno de nuestros jóvenes solteros hace poco que quería que yo le explicara cómo bregar con la presión que ejercen sus amigos en su vida. Su problema era que siempre que pasaba tiempo con sus viejos compañeros de estudio era tentado a hacer las cosas que todos ellos habían hecho cuando estudiaban juntos. Una y otra vez él había cedido a la tentación de estas cosas.

Yo comencé a explicarle el principio de la sabiduría bosquejado en el capítulo 8 de este libro. Le dije que parte de la respuesta de Dios podría ser para él buscarse amigos nuevos. Tan pronto como yo mencioné esta idea, su expresión corporal me dijo que él no pensaba que ésta era una buena idea. "Pero ellos son mis mejores amigos", argumentó él. "¡Hemos sido amigos desde hace tantos años!"

Yo le expliqué que su verdadero problema no eran las cosas que él había mencionado antes que estaban asociadas a sus amigos. Su verdadero problema era de señorío. El no estaba dispuesto a dejar que Jesucristo fuera el Señor de todas sus relaciones. Yo le pregunté si estaba dispuesto a rendir todas sus relaciones al señorío de Cristo, aun cuando significara el rompimiento de alguna de ellas. El no estaba listo para hacerlo.

Su respuesta es característica de cómo respondemos a veces a este asunto del señorío de Cristo. Queremos que nuestra vida sea "correcta". Pero queremos que sea correcta en *nuestros* términos, por *nuestras* normas. Queremos la ayuda de Dios, pero no al punto que interfiera con nuestros planes y deseos.

Dios no está interesado en darnos victoria por la victoria en sí, o victoria para hacer que nuestra vida sea mas fácil. El poder sobre el pecado es el medio por el cual somos liberados para servir a Cristo más eficazmente. No es algo que Dios nos da para hacernos la vida más agradable.

Cuando falta el padre

Un padre en nuestra iglesia vino a verme acerca de su hijo de catorce años. El dijo que ellos no se comunicaban ya y que Jaime no respondía a la autoridad como antes. Mientras continuamos hablando, se hizo claro que parte del problema tenía que ver con el horario de trabajo de ese hombre. El salía temprano por la mañana, antes que su hijo se levantara. Y regresaba tarde en la noche, por lo general después que su hijo estaba durmiendo. El domingo era natural para él ir a la oficina después de la iglesia y quedarse allí hasta el anochecer. En su profesión, él podía programar sus propias horas, pero se había convencido a sí mismo de que las largas horas eran necesarias para proveer adecuadamente para su familia.

Yo le expliqué a este hombre la relación entre el estar tanto tiempo fuera de su casa y la pérdida de interés y respeto de su hijo. Bien claro le dije que parte de la respuesta sería que él cambiara su horario. Nuestra conversación terminó abruptamente. Ve usted, él puede haber estado interesado en restaurar la relación con su hijo, pero estaba interesado en hacerlo en sus términos, no en los de Dios. El quería que las cosas estuvieran "bien", pero no estaba dispuesto a rendir el horario de su trabajo al señorío de Cristo.

El verdadero asunto cuando hablamos de señorío es confianza. Le privamos a Dios de esferas de control porque no confiamos en que él haga las cosas "bien". Pensamos que él va a dejar de satisfacer una necesidad. O que él no la va a satisfacer en la forma que nosotros creemos que es mejor. Tenemos miedo de que Dios espere demasiado para hacer algo. No confiamos en él e impedimos que haga su voluntad en nosotros.

Es irónico que queramos que él venga corriendo a nuestra vida cuando las cosas se salen de control, cuando ocurre una muerte o una emergencia. En esos tiempos estamos más que dispuestos a admitir nuestra insuficiencia y nuestra dependencia en Dios. Pero tan pronto como las cosas vuelven a la normalidad, tan pronto como la vida se vuelve "fácil" otra vez, tenemos temor de entregársela a él. Piense en esto. Si se puede confiar en Dios cuando somos más vulnerables e indefensos, ¿no podríamos confiar en él en los tiempos cuando las cosas marchan bien?

Dios desea tener señorío sobre cada esfera de su vida. No señorío parcial, sino total. El desea que usted alcance la victoria sobre la tentación. Pero desea esa victoria para sus propósitos, no para los de usted. Puede ser que usted no haya logrado victoria sobre la tentación porque está controlando su vida y tratando de que Dios intervenga en los tiempos difíciles. Así no es como Dios obra. El desea una entrega absoluta de su parte. Y cuando eso ocurra, él hará lo necesario para que usted sea un siervo eficaz en su reino.

"Olvidando todo lo que queda atrás"

Hay una tercera razón por la cual fracasamos en forma repetida. Y *es que continuamente nos concentramos en nuestros fracasos pasados*. Concentrarse en el pasado nos hace orientarnos en el problema. Le permitimos a nuestros fracasos del pasado que nos persuadan que nunca vamos a cambiar, que no vale la pena tratar de hacer las cosas diferente. Cuando somos tentados, estamos predispuestos a caer. Mentalmente, ya hemos sido derrotados.

La verdad es que Dios ha hecho disponible el poder de cambiar. Los pecados del pasado no tienen que caracterizar su vida en el futuro. Nadie está destinado a ser de cierta manera a través de toda la vida. Sus pecados pasados simplemente deben servir como un recuerdo de la gracia y el perdón de Dios. Pero aun así, no deben ser el foco de su atención.

Hay otro problema con concentrarse en los fracasos pasados. Es fácil dejar que los fracasos pasados sirvan como una excusa para pecar otra vez. "Bueno", razonamos, "ya lo hice una vez, bien puedo hacerlo otra." Somos fácilmente engañados a pensar que "una vez más" no hará ningún daño. La tragedia es que cada "una vez más" mantiene el pecado vivo en nuestra vida. Un hábito es simplemente una cadena de pecados individuales cometidos en ocasiones separadas.

Cometer un pecado una vez más hace daño, porque cada vez que pecamos, ese hábito va echando raíces más profundas en nuestras emociones. El pecado se arraiga cada vez más. Cada vez que cedemos, es mucho más difícil decir no la próxima vez.

Estos son los peligros de concentrarnos en nuestros fracasos pasados. Nos desanimamos o engañamos. El apóstol Pablo tenía algunas cosas en su pasado que hubieran podido detenerlo. Sin embargo, en referencia a su pasado él escribió:

> Hermanos, yo mismo no pretendo haberlo ya alcanzado; pero una cosa hago: *olvidando ciertamente lo que queda atrás,* y extendiéndome a lo que está delante, prosigo a la meta, al premio del supremo llamamiento de Dios en Cristo Jesús.
>
> Filipenses 3:13, 14 (cursivas añadidas)

Pablo entendió que un creyente tiene que dejar el pasado atrás y seguir adelante. ¿Tiene usted la tendencia de concentrarse en el pasado? ¿Practica los pecados de su pasado una y otra vez en su mente? El reflexionar en sus pecados pasados, ¿provoca dudas en su mente de que las cosas jamás cambiarán? Si ése es el caso, al igual que el apóstol Pablo concéntrese en el futuro, hacia las cosas que quiere que Dios haga en su vida. Usted no puede hacer nada en cuanto a su pasado. El futuro, sin embargo, es lo que usted le permita a Dios hacer en su vida.

¿Podría ser?

Piense un instante. ¿Podría ser que usted tuviera un *problema* con el pecado pero no está dispuesto a tratarlo como tal? ¿Es Jesucristo Señor de cada esfera de su vida? ¿Es él Señor de su familia, amigos, trabajo, metas, relaciones, tiempo, dinero? ¿Hay alguna esfera de la cual está excluyendo a Dios? ¿Tiene usted la tendencia de concentrarse en el pasado? ¿Usa los fracasos pasados como una excusa para pecar? ¿Está abatido con tal sentido de fracaso que no encuentra razón para seguir tratando de vencer la tentación?

Si contesta sí a cualquiera de estas preguntas, entonces puede haber descubierto por qué continúa cayendo. Mientras rehúse rendirse completamente al señorío de Cristo, su poder no estará a su disposición. Mientras trate un problema como cualquier cosa menos un problema, nunca saldrá de él. Y mientras se concentre en el pasado, nunca encontrará fuerzas para seguir adelante. Pídale a Dios que le revele cómo puede cambiar su actitud.

CAPITULO CATORCE

Los pasos
de la recuperación

USTED HA ESTADO leyendo un libro dedicado en su totalidad a ayudarlo a vencer la tentación, pero fracasó de nuevo. ¿Qué pasa ahora? ¿Se da por vencido? ¿Se resigna a una vida de derrota? ¿Lleva el libro al lugar donde lo compró para que le devuelvan el dinero? ¿Qué hace?

En este último capítulo deseo bosquejar lo que yo llamo los pasos de la recuperación. Estos siete pasos son necesarios si va a salir victorioso del fracaso. La idea de salir victorioso del fracaso puede sonar como una contradicción. Pero Dios ha provisto una manera por la cual su peor fracaso puede ser transformado en gran ganancia. Y no sólo para usted, sino para mucha gente con la que esté dispuesto a compartir lo que ha aprendido.

La manera en que respondemos al fracaso es muy importante. A menudo nuestra respuesta errónea nos predispone a caer otra vez. Mientras más caigamos, tanto más nos desanimamos y menos fe tenemos en la habilidad de Dios de darnos la victoria. En el libro de los Salmos, David escribió su oración de arrepentimiento después de pecar con Betsabé. Esta oración incluye siete pasos que creo necesarios que todos sigamos después de ceder a la tentación. Cuando completamos estos pasos, saldremos de nuestro fracaso más fuertes que antes. Seremos más aptos para trabajar para el Señor, y estaremos mejor preparados para la próxima vez que seamos tentados.

Dios tiene una forma hermosa de tomar lo negativo y cambiarlo para su gloria, si se lo permitimos. Piense en esto. La tragedia más grande en toda la historia, la muerte del Hijo de Dios, se convirtió en la bendición más grande de la raza humana: la resurrección del Hijo de Dios. Si respondemos a nuestro fracaso en la forma apropiada, Dios lo puede usar para traer gloria a su nombre, y para prepararnos mejor para su servicio.

¡Arrepiéntase!

La primera etapa en el proceso de recuperación es el *arrepentimiento*. Dos formas falsas de arrepentimiento a veces pasan como lo verdadero. Una de ellas es algo así: "Señor, realmente siento haber sido sorprendido." La otra suena más o menos así: "Señor, realmente siento que pequé. Espero portarme mejor la próxima vez." Ambas salen de la culpabilidad o de la vergüenza, no de un sentido de remordimiento por el hecho de haber desagradado al Dios omnipotente. Las personas que formulan tales oraciones no tienen intención de cambiar, simplemente están intentando quitarse a Dios de encima.

El arrepentimiento genuino conlleva varias cosas. Primero que nada, la confesión. No sólo: "Señor, siento mucho mi error", sino: "Señor, he pecado contra ti." La confesión reconoce culpa. Segundo, el arrepentimiento involucra el reconocimiento de que el pecado era contra Dios. Note lo que dijo David:

> Contra ti, contra ti solo he pecado, y he hecho lo malo delante de tus ojos.
>
> Salmo 51:4

Esto no quiere decir que David falló en reconocer que había pecado contra Betsabé y su esposo. El estaba diciendo que se daba cuenta de que su pecado era principalmente contra Dios. Teniendo en cuenta la base de toda la gracia y bondad que Dios había derramado sobre él, el pecado de David era primeramente contra Dios.

Todos necesitamos reconocer que nuestro pecado es primeramente contra Dios. Otra gente puede que esté dolorida también, pero cuando comparamos nuestro pecado con la gracia incondicional de Dios y su amor que vemos expresados a través de su Hijo, comprobamos con toda claridad que es ahí donde el pecado se ve más negro. Vemos el pecado por lo que es, la expresión más extrema de ingratitud. Así que el arrepentimiento incluye confesión de nuestra culpa, reconocimiento que nuestro pecado es contra Dios, y dos cosas más.

El arrepentimiento incluye asumir completa responsabilidad por nuestro pecado. David asumió responsabilidad completa por sus acciones con Betsabé. El dijo:

> Lávame más y más de *mi* maldad, y límpiame de *mi* pecado. Porque yo reconozco *mis* rebeliones, y *mi* pecado está siempre delante de *mí*.
>
> Salmo 51:2, 3 (cursivas añadidas)

En ningún sitio lo encontramos diciendo: "Bien, Señor, tú sabes que se necesitan dos personas para cometer este tipo de pecado. Yo no fui el único involucrado. Ella debió ser más cuidadosa y no bañarse debajo de mi balcón. Tú sabes que soy humano." David nunca acusó a Betsabé.

Siempre que nos encontremos acusando a alguien más por nuestro pecado, nuestro arrepentimiento es incompleto. Si verdaderamente estamos arrepentidos, asumiremos responsabilidad completa por el pecado, sin importar lo que pasó o quién estuvo involucrado. A pesar de la naturaleza de la tentación, finalmente nosotros fuimos los que decidimos ceder al pecado.

Finalmente, el arrepentimiento requiere honestidad total con Dios. El arrepentimiento no está completo sin la honestidad. Piense un momento. ¿Cuál de las dos cualidades siguientes es más importante cuando hablamos de compañerismo y relación con Dios, *la honestidad o la santidad*? Como usted sabe, no siempre somos santos, pero siempre podemos ser honestos. Yo creo que Dios está buscando que seamos honestos acerca del pecado, honestos acerca de nuestras debilidades, nuestros fracasos y nuestras frustraciones. La honestidad promueve compañerismo. Cuando somos francos y honestos con Dios, él puede continuar trabajando con nosotros, aun después que hayamos cometido un pecado grave.

Nos metemos en problemas cuando tratamos de ocultar las cosas. "Ahora, Señor, yo sé que cometí un error. Pero después de todo, todo el mundo comete errores. Nadie es perfecto." Responder así es evadir el verdadero problema y es ser deshonesto. Mientras nos dirijamos a Dios en esa forma, no hay mucho que él pueda hacer por nosotros.

Entonces, ¿qué pasa?

Antes de ir al segundo paso en el proceso de la recuperación, deseo decir algo acerca de la disciplina de Dios en conexión con el arrepentimiento. La Biblia enseña que Dios disciplina a aquellos que son desobedientes. La Escritura está llena de ilustraciones de la disciplina de Dios. La historia de David y Betsabé es uno de los mejores ejemplos. Yo creo, sin embargo, que cuando el verdadero arrepentimiento sigue inmediatamente después del pecado, la disciplina no es tan severa.

Cuando David cometió adulterio con Betsabé, él no se arrepintió inmediatamente. Fue un tiempo después cuando David finalmente enfrentó lo que había hecho. Y aun entonces, no salió de él. Dios tuvo que enviar a un profeta a confrontarlo (2 Samuel 12). Fue sólo después que Natán le contó la historia del hombre que tenía muchas ovejas y le robó a otro hombre la única que éste tenía, que David se dio cuenta del gran mal que había hecho. Fue ahí cuando David se arrepintió de su pecado. La disciplina que siguió, sin embargo, fue muy severa en naturaleza, y parte de la razón de esa severidad fue que David no se arrepintió antes.

Es mi convicción personal que si usted y yo luchamos con nuestro pecado genuina, abierta e inmediatamente, Dios disminuirá la severidad de nuestra disciplina. Esto tiene lógica a la luz de la naturaleza de la disciplina. La disciplina es con el propósito de hacernos cambiar y que obedezcamos. Si Dios ve que deseamos cooperar y que nos hemos propuesto en nuestro corazón obedecer de allí en adelante, no hay necesidad de disciplina, excepto como un recordatorio.

Cuando dejamos que nuestros pecados sigan sin intención de parar hasta que seamos sorprendidos, es demasiado tarde para escapar la disciplina de la mano de Dios. Por nuestro propio bien, y por el testimonio de su reino, él no puede dejarnos continuar en nuestro pecado. Mientras más tardemos en arrepentirnos, tanto más severa será nuestra disciplina. Aquellos que son prudentes no demorarán en arrepentirse.

Aceptar el perdón de Dios

El segundo paso en el proceso de la recuperación es *aceptar el perdón de Dios*. A veces esto es difícil porque nos sentimos muy culpables, especialmente si es un pecado que hemos cometido muchas veces. Tal vez nos sintamos tontos yendo al Señor con el mismo pecado otra vez, pero eso es lo que tenemos que hacer.

Recuerde, cuando Jesús murió en la cruz hace dos mil años por sus pecados, murió por todos sus pecados, pasados, presentes y futuros. Sus pecados le causan vergüenza porque usted espera algo mejor de sí mismo. Pero no es así con Dios. El ya sabía en cuanto a eso. Aun cuando usted oró la vez pasada y le prometió que nunca lo volvería a hacer, él sabía que usted lo iba a repetir, y ya había hecho provisión para ello. No tiene por qué avergonzarse, no debe eludir a Dios.

A esta altura, siempre alguien hace el siguiente comentario: "Bueno, si todos nuestros pecados han sido pagados, pasados, presentes y futuros, ¿por qué tenemos que arrepentirnos y confesar cada vez?" Por la sencilla razón de que hasta que no enfrentamos lo que hemos hecho, no tenemos comunión con el Padre. ¿Qué pasa si yo le robo algo y usted lo sabe? Usted me puede perdonar en su corazón y nunca más volver a pensar en eso. Pero cuando yo sé que usted sabe, no puedo actuar naturalmente o sentirme bien a su alrededor hasta que no confieso lo que he hecho.

Lo mismo es cierto en cuanto a nuestra relación con Dios. Tenemos que confesar nuestros pecados para tener comunión con Dios. La culpabilidad permanecerá en lo que a nosotros respecta, y nunca experimentaremos la paz del perdón. Continuaremos evadiendo a Dios, y estaremos predispuestos a caer de nuevo. Por eso es importante mantener las cuentas al día con Dios. A Satanás le gustaría que nosotros no nos arrepintiéramos ni confesáramos nuestros pecados. En esa forma estaríamos más propensos a pecar porque estamos huyendo de Dios. Y usted se acuerda adónde condujo ese comportamiento a Jonás, ¿no es verdad?

Junto con aceptar el perdón de Dios, tenemos que perdonarnos a nosotros mismos. Si Dios dice que nuestro pecado está pagado, entonces está pagado. No podemos tratar de ganar méritos haciendo buenas obras. Eso es imposible. Si Aquel en contra del cual pecamos ya no nos culpa del pecado, ¿qué derecho tenemos nosotros de hacerlo? En esencia, estamos usurpando su autoridad. Tenemos que aceptar el perdón por fe y seguir adelante. Mientras sintamos que tenemos que castigarnos a nosotros mismo o en alguna forma pagarle a Dios, lo estaremos evadiendo. Y al igual que las personas que rehúsan aceptar el perdón de Dios, caeremos en las manos de Satanás.

No crea que la disciplina de Dios es una evidencia de que él no lo ha perdonado. Si él no lo hubiera perdonado, no lo disciplinaría, tendría que castigarlo. Cuando se castiga a las personas, se les "retribuye" por lo que han hecho. La Biblia dice que la paga por cualquier pecado es muerte (Romanos 6:23). Si Dios fuera a castigarlo a usted por su pecado, él tendría que matarlo físicamente y entonces mandarlo al infierno eternamente. ¡El hecho de que Dios sólo lo está disciplinando es evidencia de que usted es uno de sus hijos y, por lo tanto, está perdonado! (Para una discusión más profunda sobre el tema, vea el capítulo 9 de mi libro titulado "La paz del perdón".)

La restitución

El tercer paso en el proceso de la recuperación involucra hacer *restitución* a aquellos contra los cuales usted ha pecado. Algunas veces esto no es fácil. Si ha robado algo, puede devolverlo sin mucho problema, y pagar por cualquier daño también. ¿Pero cómo hace restitución a alguien a quien le ha robado la pureza, el honor o la reputación?

Usted tiene que pedirle perdón a esa persona. Y no quiero decir simplemente que diga que lo siente. Tiene que pedir perdón. Tiene que dejar bien claro que se da cuenta de que ha pecado contra la persona y contra Dios, y que está dispuesto a hacer lo que sea posible para remediar la situación.

Al hacer restitución, necesita tener cuidado de no involucrar a otras personas. Usted no es llamado a arrepentirse de los pecados de ningún otro, sólo de los suyos. De la misma manera, necesita estar seguro de que está confesando su pecado a la persona contra quien pecó. Tal vez usted sea tentado a confesar su pecado a alguien que no tiene nada que ver con dicho pecado. Por lo general, esto es un truco para aliviarse de la culpa. Pero es una pérdida de tiempo y puede ser perjudicial. Cada vez que involucre a una tercera persona, corre el riesgo de que otras cosas salgan a la luz que podrían resultar en vergüenza para usted y para la persona contra quien ha pecado. La única excepción es cuando ha compartido su carga de antemano con la persona ante quien rinde cuentas en la esfera de lo espiritual. E inclusive en ese caso, no hay necesidad de entrar en detalles acerca del pecado. Como regla general, es mejor no involucrar a nadie más.

Acepte la disciplina de Dios

El próximo paso en el proceso de la recuperación es *aceptar la disciplina de Dios*. A menudo no reconocemos la disciplina de la mano de Dios. Cuando hay consecuencias personales que resultan de nuestro pecado, tales como una herida o una pérdida financiera, podemos por lo general, reconocerlas de inmediato. Pero a veces la disciplina de Dios viene en formas que al principio parecen no tener relación con lo que hemos hecho. Con el tiempo, sin embargo, la verdad se hace clara.

Cuando reconocemos que estamos siendo disciplinados, una señal indiscutible de que realmente tomamos a Dios en serio es que no luchamos con la situación. Aceptando voluntariamente la disciplina de Dios, reconocemos nuestra culpa y su derecho soberano de ejercer autoridad sobre nosotros.

Cuando la gente resiste la disciplina de Dios, es evidente que todavía tiene que tratar con su pecado y con la naturaleza del pecado mismo. Al resistir la disciplina de Dios, la gente dice: "Yo no merezco esto. Merezco algo mejor. Lo que hice no fue tan malo." Su comprensión del pecado y de lo que le costó a Dios es muy deficiente, y estas personas parecen repetir los mismos pecados vez tras vez.

Por otro lado, las personas que aceptan la disciplina de Dios se dan cuenta de que ésta es para su propio bien. Entonces no la ven como algo negativo. La ven como una expresión del amor de Dios, porque eso es exactamente lo que es.

Imagínese por un momento a un niño a quien se le ha dicho repetidamente que no juegue en la calle. Pero él juega de todas maneras. Sus padres, si son sabios, lo disciplinan. ¿Por qué? Porque ellos son los padres y él es sólo un niño y ¿cómo se atreve a desobedecer las reglas? No. Ellos saben que si él no aprende a estar fuera de la calle, puede ser muerto o quedar lisiado. La acción disciplinaria que ellos escogen le parece dolorosa al niño, pero un simple castigo es mucho mejor que ser atropellado por un automóvil. Un mal menor es usado para proteger al niño de un mal mucho más grave.

Así es cuando Dios nos disciplina a nosotros. El está tratando de protegernos de un daño mayor que viene por envolvernos en el pecado. No apreciaremos completamente el amor de Dios expresado hacia nosotros a través de su disciplina hasta que estemos en el cielo.

Vivir para ver

El quinto paso en el proceso de la recuperación involucra la *identificación con la lección o lecciones* que Dios quiere enseñarnos a través del fracaso. La tragedia de pasar por alto este paso es que la serie completa de acontecimientos viene a ser una pérdida de tiempo. Dios está en el proceso de traernos algo bueno del desorden que hemos causado. Sin embargo, si no descubrimos lo que él está tratando de enseñarnos, todo el proceso se malogra.

Cuando hablamos de aprender de nuestros errores, necesitamos mantener en mente la humildad, la pureza y la instrucción. Cuando caemos, debemos orar: "Señor, humilla mi espíritu delante de ti. Purifica mi corazón pecaminoso. Instrúyeme en tus caminos para que este hábito se rompa y yo pueda experimentar la libertad que tú has provisto."

Como el orgullo está siempre conectado con nuestro pecado, debemos aprovechar cada oportunidad disponible para permitirle a Dios que lo quite de nuestra vida. Lo mismo es cierto referente a la impureza, ya sea impureza moral o motivos inmorales. Estas son dos esferas en las cuales necesitamos mejorar. Cada vez que vamos a través de los pasos de la recuperación, Dios nos quebranta poco a poco para quitarnos el orgullo y la impureza.

Permítame formularle una pregunta. Cuando usted pierde los estribos, ¿le pide a Dios que le enseñe algo, o corre al tipo de oración de 1 Juan 1:9 y sigue adelante? La verdad es que usted siempre debe darse tiempo para aprender algo de sus errores. De otra manera está destinado a continuar repitiéndolos. No sólo eso, le roba a alguien más el privilegio de aprender de sus errores.

Cuando su actitud es correcta, va a desear aprender lo más posible. Su primera reacción no será: "Dios, quítame esta presión. Relévame de mi culpa, hazme sentir mejor. AMEN." Yo sé que usted no usa esas palabras, pero ¿reflejan su actitud a veces cuando se acerca a Dios después de haber pecado? Si es así, no está tomando en serio el asunto de realizar cambios en su vida. No desea una relación íntima con Dios. Básicamente desea que lo dejen solo para hacer lo que le plazca sin interferencia alguna de afuera.

Dios desea enseñarnos algo a través de nuestros fracasos. Pero como en el caso de todas las lecciones de Dios, las aprenden sólo aquellos que prestan atención. Sólo los que lo buscan, encontrarán a Dios. Sólo los que tienen oídos lo oirán. Aquellos que fracasan y no aprenden nada han malgastado una oportunidad de aprender y tienen muchas posibilidades de volver a repetir el proceso de la recuperación.

¡Busque ayuda!

El sexto paso en el proceso de la recuperación involucra *consultar a un consejero calificado.* Si usted continúa luchando con la misma tentación y nada parece dar resultado, tal vez necesite ayuda profesional. Por profesional, quiero decir alguien que lo escuche y lo ayude a entender por qué está usted luchando en esa forma. En el capítulo 4 hablamos sobre el hecho de que a veces hay raíces que causan las tentaciones que enfrentamos. Puede ser que necesite ayuda para descubrir la raíz de su problema en particular. Pudiera ser algo relacionado a su niñez que no puede recordar, o tal vez sea algo más reciente que no ha relacionado con sus tentaciones presentes. Lo que sea, puede ser que usted necesite un consejero para ayudarle a hacer el descubrimiento que lo pueda liberar.

Si su orgullo le impide pedir ayuda, saldrá perdiendo. Yo he hablado con consejeros más veces de las que puedo recordar. Todos nosotros encontramos cosas en nuestra vida que no son lógicas. Algunas veces una verdad básica puede abrir puertas que nos han tenido prisioneros por años, pero se necesita a alguien entrenado que sepa llegar a esos lugares remotos en nuestra memoria y experiencia.

Que su orgullo nunca le impida reconocer que necesita ayuda. Todos nosotros necesitamos la opinión objetiva y el conocimiento de alguien más en algún momento. Por eso Dios ha equipado a los consejeros y los ha dado al cuerpo de Cristo.

Enseñar a otros

El último paso en el proceso de la recuperación es la *preparación para compartir lo que hemos aprendido* con otros. Considere lo que dijo David:

> Crea en mí, oh Dios, un corazón limpio, y renueva un espíritu recto dentro de mí. No me eches de delante de ti, y no quites de mí tu santo Espíritu. Vuélveme el gozo de tu salvación, y espíritu noble me sustente. Entonces enseñaré a los transgresores tus caminos, y los pecadores se convertirán a ti.
>
> Salmo 51:10-13

David deseaba que Dios limpiara completamente su corazón y restaurara su relación con él. Después que ese proceso estuviera completo, David deseaba que Dios le permitiera enseñar a otros pecadores los caminos de Dios. Y note su meta: "Y los pecadores se convertirán a ti." David quería tomar lo que él había aprendido y enseñarlo a otros.

Cuando usted y yo realmente nos hemos arrepentido de nuestro pecado, enfrentamos nuestra responsabilidad y voluntariamente aceptamos las consecuencias de lo que hemos hecho, Dios nos enseñará algunas lecciones fabulosas. El nos dará revelaciones profundas de su Palabra. El proceso no estará completo, sin embargo, hasta que no estemos dispuestos a enseñar a otros lo que hemos aprendido. Haciendo esto, le demostramos a Dios y nos demostramos a nosotros mismos que vivimos de acuerdo a los propósitos de Dios. Le pertenecemos totalmente a él.

No me malentienda. Por enseñar a otros, no necesariamente quiero decir en un sentido formal, aunque puede llegar a eso. Piense en las bendiciones que ha recibido de los que comparten con usted lo que Dios ha hecho en sus vidas. A pesar de cómo Dios escoge usarlo a usted, debe estar dispuesto a compartir con otros las lecciones que Dios le ha enseñado. Después de todo, ésa es parte de la razón de que él le enseñara a usted.

Cuando se siente derrotado, ¿con quién preferiría hablar? ¿Con alguien que siempre parece estar haciendo las cosas excepcionalmente bien y parece intocable por la tristeza y el dolor, o con alguien que como usted ha descendido hasta el fondo, pero está progresando lentamente? Todos necesitamos a alguien con quien nos podamos identificar. A través de su fracaso y luego su reacción apropiada a su fracaso, Dios lo está preparando para ser un instrumento de aliento en la vida de alguien.

Actúe con prudencia

Debe usar discreción cuando comparte las lecciones que Dios le ha enseñado a través de sus fracasos. Sea prudente. No dé los detalles de su pecado. Eso no es realmente importante. Evite hacer que el pecado luzca fascinante. Las películas hacen un trabajo excelente en ese aspecto. Los productores cinematográficos, ciertamente, no necesitan su ayuda. Demasiados detalles a veces avivan la imaginación y la curiosidad de la gente al punto de incitarla a pecar.

Concéntrese en las lecciones que Dios le ha enseñado a usted. Cuando menciona su pecado, señale las consecuencias del mismo. Incluya las cosas que pudieron haberle pasado si Dios no lo hubiera rescatado a tiempo. A veces los testimonios dejan la impresión de que podemos gozar el pecado por un tiempo, y luego cuando lo consideramos conveniente, entregamos nuestra vida al Señor. Los testimonios deben causarle temor a las personas en cuanto a las consecuencias del pecado para que nunca sueñen con involucrarse en situaciones pecaminosas similares.

Hay una segunda cosa que necesita mantener en la mente cuando comparte con otros lo que Dios le ha enseñado. Nunca diga: "Yo he aprendido . . . ." Nadie ha "aprendido" nada en el sentido de alcanzar el punto de no estar sujeto a la tentación en una esfera dada. Todos estamos en el proceso de aprender. Una mejor manera de decir esto es: "Dios está enseñándome . . . ." O: "Cada día continúo viendo . . . ."

Tan pronto como usted piense que ha terminado de aprender algo, o aun le dé la impresión a alguien de que ha terminado de aprender algo, Satanás va a soltar un furioso ataque contra usted. A él le gusta avergonzar públicamente a los creyentes. Tome nota de esto. Lo que usted anuncia públicamente, Satanás lo probará en privado.

Todos estamos aprendiendo. Eso es ser un discípulo, uno que aprende. Todos estamos en el proceso de llegar a ser lo que Dios desea que seamos. Nadie ha llegado a la meta. Nadie llegará en esta vida. Así que cuando compartimos con otros lo que Dios nos ha enseñado a través de nuestros fracasos, necesitamos comunicarlo con humildad y no tener expectativas demasiado altas en cuanto al resultado de nuestra conversación.

Recuperación completa

El plan de Dios para usted incluye varios viajes a través del proceso de la recuperación bosquejados en este capítulo. Todos caemos. No hay duda sobre eso. La pregunta que debe formularse es la siguiente: "¿Cómo responderé ahora que he pecado?" Usted tiene dos opciones. Puede huir de Dios y resistir su disciplina, o puede arrepentirse sinceramente de su pecado, someterse a la disciplina de Dios, y aprender todo lo más posible en el proceso.

Si resiste a Dios, saldrá perdiendo. Y también saldrá perdiendo toda la gente que pudiera haber ayudado si le hubiera permitido al Señor enseñarle algunas cosas. No hay nada más triste para mí que ver a creyentes que se estancan en su vida espiritual. Dios deseaba enseñarles algo, y ellos decidieron que no querían aprender, así que dejaron de crecer. Se estancaron espiritualmente. Por lo general, el problema era algún pecado del cual rehusaron arrepentirse. Ellos huyeron de Dios, y ahora están estancados. Rehusaron dejar el pecado, y Dios rehusó usarlos.

Sin embargo, si usted pasa a través de estos pasos de la recuperación, verá a Dios tomar lo que comenzó como una cosa negativa y convertirla en algunas de las experiencias más positivas de su vida. En ocasiones será doloroso, pero el crecimiento siempre es doloroso. La decisión es de usted. No una sola vez, sino todas las veces que ceda a la tentación. Mientras le permite a Dios obrar a través de este proceso, él le revelará por qué es usted tan susceptible a ciertas tentaciones. Su disposición a responder correctamente al fracaso puede proveerle el conocimiento que necesita para alcanzar la victoria la próxima vez.

Por favor, no desperdicie sus fracasos. Permítale a Dios usarlos para madurarlo hasta llegar a la "estatura" que él desea para usted. Permítale que convierta sus derrotas en victorias. Permítale tomar sus fracasos y desarrollar en usted un testimonio que haga un impacto en todos aquellos que lo oigan. La decisión es de usted. Es mi oración que todos los que leen este libro no escojan malgastar sus fracasos, sino que los pongan en las manos de Aquel que dijo:

> Venid a mí todos los que estáis trabajados y cargados, y yo os haré descansar. Llevad mi yugo sobre vosotros, y aprended de mí, que soy manso y humilde de corazón; y hallaréis descanso para vuestras almas; porque mi yugo es fácil, y ligera mi carga.

Mateo 11:28-30